Maquette : Sébastienne Ocampo
Illustrations : Véronique Deshayes
Photos de couverture : Gâteau d'anniversaire à deux étages (p. 150), Petits pains au fromage, (p. 94), Madeleines au citron, (p. 132), Baguette, (p. 84), Pizza végétarienne, (p. 190), Cupcakes au citron vert, (p. 182), Cookies aux pépites de chocolat et aux noix de pécan, (p. 129), Pain à la farine de chataîgne, (p. 88), Gaufres, (p. 131), Galette des Rois, (p. 226), Gougères au fromage, (p. 229), Pancakes express, (p. 102)

17, rue du Regard
75006 Paris – France
ISBN : 979-10-285-0137-2

CLÉMENTINE MISEROLLE ALIX LEFIEF-DELCOURT

UNE ANNÉE DE CUISINE FAMILIALE SANS GLUTEN

Apprenez à faire du pain sans gluten avec votre machine à pain ! (p. 256)

LEDUC.S
EDITIONS

Je dédie ce livre à mon mari
et à mon fils qui goûtent toutes mes recettes.

À ma mère, qui me soutient depuis l'adolescence dans
mon lourd parcours médical, et à mes grands-mères
Madeleine, Yvonne, Susie et Simone.

SOMMAIRE

INTRODUCTION

À la maison, nous mangeons tous sans gluten depuis 2009 en raison de mon intolérance. À moi donc de faire en sorte que le pain, les pizzas, cookies et autres gâteaux soient aussi bons – si ce n'est meilleurs – qu'avant ! Crêpes de la Chandeleur, bûche de Noël, salade de pâtes, merveilles de Mardi gras, pancakes du petit déjeuner, clafoutis, tartes fruitées de l'été, gâteau d'anniversaire, nuggets de poulet, galette des rois… il est possible de continuer à préparer tous ces bons petits plats et ces douceurs qui rythment l'année, même le pain de campagne et la baguette du quotidien. En effet, il existe mille et une façons de réinventer ces grands classiques version sans gluten et de se régaler en famille.

J'ai créé le blog **www.clemsansgluten.com** pour partager mes recettes avec mes amis qui avaient, comme moi, besoin de manger sans gluten. Ce petit noyau de personnes aux symptômes très variés (de la maladie cœliaque à l'hypersensibilité au gluten, en passant par l'autisme, l'hypertension ou même la migraine) est à la base de ma communauté d'aujourd'hui, qui s'étoffe de jour en jour. De plus en plus de personnes mangent sans gluten, par obligation ou par simple choix, et sont donc à la recherche de recettes adaptées. Dans ce livre, comme dans mon blog, vous trouverez surtout des recettes qui nécessitent habituellement du gluten. Vous n'aurez pas ma recette de poulet au citron ou de mousse au chocolat. Pour cela, il y a plein d'autres livres, très bien faits. La France regorge des meilleurs chefs !

Je partage avec plaisir mes recettes sans gluten, car elles aident les autres au quotidien. Je transforme ainsi mon lourd dossier médical en un échange positif, joyeux et chaleureux. Car avoir une maladie auto-immune ne définit pas la personne que je suis. Je suis avant tout une femme, une épouse, une mère, une amie, une collègue de travail... Et, dans le miroir, je vois surtout une gourmande !

Sur ce livre, j'ai travaillé avec Alix. Elle est venue dans ma cuisine, a ouvert mes placards, goûté mes différentes farines (et presque toutes mes recettes !), porté son regard de journaliste sur mon quotidien qui peut parfois intimider les novices du « sans-gluten ». Ensemble, nous avons essayé de démontrer que, contrairement aux idées reçues, adopter une alimentation sans gluten n'est pas si compliqué. Il existe de nombreuses astuces pour se simplifier le quotidien. Notre objectif est aussi de témoigner que cette alimentation peut être très diversifiée, qu'elle permet de redécouvrir un large panel d'ingrédients riches en bienfaits nutritionnels et que, même dans une cuisine toute petite comme la mienne, il est facile de cuisiner sans gluten tout au long de l'année, et surtout de régaler ceux que vous aimez.

PARTIE I

LE SANS-GLUTEN, MODE D'EMPLOI

La cuisine sans gluten, vous en avez sûrement déjà entendu parler : puisque vous avez ce livre entre les mains, c'est donc un sujet qui vous interpelle. Vous vous sentez concerné par la force des choses – vous et/ou l'un de vos proches souffrez de maladie cœliaque ou d'hypersensibilité au gluten – ou par choix – vous êtes convaincu que supprimer le gluten de votre alimentation vous sera bénéfique à de nombreux niveaux.

Mais concrètement, le gluten, qu'est-ce que c'est ? Manger, cuisiner, faire ses courses, vivre sans gluten, ça implique quoi pour la famille ? Comment s'organiser, comment s'y retrouver ?

Cette première partie va vous donner les clés pour tout comprendre sur le « sans-gluten » avant d'aborder la pratique dans la suite de notre ouvrage.

POURQUOI SANS GLUTEN ?

LE GLUTEN, QU'EST-CE QUE C'EST ?

Le gluten est un mélange de deux familles de **protéines** (gluténines et prolamines) **présentes dans certaines céréales**. Pour retenir les céréales contenant du gluten, on utilise généralement le mot « SABOT » formé des premières lettres de leur nom :

> le **seigle** ;
> l'**avoine** (voir ci-après) ;
> le **blé** (parfois appelé froment) ;
> l'**orge** ;
> le **triticale**.

Il faut y ajouter :

> l'**épeautre** (qui appartient en fait au même genre botanique que le blé, *Triticum*) ;
> le **Kamut®** (ou blé khorasan), une variété de blé dur très ancienne.

On trouve donc naturellement du gluten dans tous les aliments fabriqués avec ces céréales, comme les pains, les pâtes, les biscuits… Mais le gluten est également **très utilisé par les industriels de l'agroalimentaire dans**

de nombreux autres produits, car il assure de multiples fonctions, notamment de liant, de gonflant ou d'antiagglomérant. Voilà pourquoi on trouve aussi du gluten (souvent sous des noms peu évocateurs, voir p. 59) dans des produits aussi divers que les bouillons cubes, les yaourts, les bonbons, les crèmes glacées, les charcuteries industrielles, les épices...

Le cas particulier de l'avoine

La forme de gluten contenue dans l'avoine ne serait toxique que pour 1 % des personnes cœliaques (voir p. 14 pour la signification de ce mot). Et donc pas pour les 99 % restants, qui pourraient en consommer sans problème. Certaines espèces d'avoine seraient également plus ou moins bien tolérées que d'autres. Mais le problème de cette céréale est plus vaste. En effet, l'avoine est un cas typique de « *cross contamination* » ou « contamination croisée ». En clair, elle peut être contaminée par d'autres céréales avec gluten à différents stades de sa production : lors de la culture, de la récolte, du transport, de la mouture, de l'entreposage ou de la manutention. Résultat : elle devient impropre à la consommation pour les personnes cœliaques.

Si vous aimez l'avoine et ses produits dérivés (notamment le porridge du petit déjeuner), sachez qu'il existe aujourd'hui des avoines certifiées sans gluten, estampillées par un épi barré (voir p. 38). À privilégier, donc, si vous êtes intolérant. Mais attention : même si vous optez pour une avoine garantie sans gluten, il est conseillé de limiter sa consommation à 50-70 g maximum (avant cuisson) pour un adulte et par jour, et à 20-25 g maximum pour un enfant.

POURQUOI MANGER SANS GLUTEN ?

Aujourd'hui, l'alimentation sans gluten est « à la mode ». Dans les magazines, sur Internet... on ne parle plus que de ça. On ne compte plus le nombre de nouveaux produits signalés « sans gluten » dans les magasins, ni les nouveaux restaurants « no glu » ou les nouveaux sites Internet spécialisés. D'où cette question : quelles sont les raisons qui peuvent amener à évincer le gluten de son alimentation ? Elles sont de trois ordres, et il est important de ne pas tout mélanger.

En raison d'un problème de santé

Environ 1 % de la population souffre de la **maladie cœliaque** (couramment appelée « **intolérance au gluten** »). Dans ce cas, **l'éviction totale du gluten est le seul traitement possible** pour soulager les symptômes et prévenir les complications, parfois très graves, de la maladie. De plus, entre 10 et 20 % de la population présenteraient une sensibilité au gluten, qui peut se manifester par des symptômes très différents (troubles de la concentration, migraines, ballonnements, douleurs articulaires... mais aussi syndrome du côlon irritable – aussi appelé syndrome de l'intestin irritable – ou fibromyalgie). Le docteur Jean Seignalet* a par ailleurs montré que le régime sans gluten (et sans produits laitiers) pourrait également être bénéfique pour les personnes souffrant de maladies auto-immunes, comme la polyarthrite rhumatoïde, la sclérose en plaques ou encore le psoriasis.

Pour améliorer son bien-être

De nombreuses personnes font aujourd'hui le choix du régime sans gluten **pour se sentir mieux**. Certaines stars du show-biz ou sportifs en font même la promotion, convaincus par ses bienfaits. Selon eux, il leur permet de garder la ligne, d'améliorer leurs performances sportives, de mieux digérer... En réalité, parmi les adeptes du sans-gluten « de confort », il y a sans doute de nombreux hypersensibles au gluten qui s'ignorent (l'absence de test diagnostique ne facilite pas les choses). **Seul un essai de régime sans gluten permet à chacun de déterminer s'il se sent mieux ainsi.** Si oui, pourquoi donc ne pas adopter ce mode d'alimentation ?

Par conviction

D'autres personnes, enfin, sont séduites par ce mode d'alimentation qui dit stop à l'omniprésence du blé, notamment dans les produits industriels.

---

* Chirurgien et chercheur français, pionnier des greffes d'organes et de tissus, auteur de *L'alimentation ou la troisième médecine*, un ouvrage plusieurs fois réédité.

Et désirent, à défaut de l'éliminer totalement, en limiter la présence. Plus qu'un mode d'alimentation, cela devient un **mode de vie**. Contrairement à de nombreuses idées reçues, **ce choix alimentaire ne crée pas de carences** (voir aussi p. 25). Au contraire, il permet même de manger plus varié et de redécouvrir toute la diversité des céréales et des légumineuses existant en dehors du blé. À condition, bien sûr, de ne pas se contenter de troquer les aliments industriels avec gluten par des aliments industriels sans gluten, mais bien de **remettre à plat toutes ses habitudes alimentaires** !

1 Américain sur 3 mange sans gluten !

Au pays des hamburgers, des pancakes et des donuts, le *gluten free* ne cesse de progresser. Selon une récente étude, quelque 105 millions d'Américains auraient réduit ou stoppé la consommation de gluten, pour des raisons très diverses. Soit 1 personne sur 3 ! Résultat : la consommation de blé est à son plus bas niveau depuis vingt ans. Et de nombreux industriels sont forcés de reformuler leurs produits afin de satisfaire leurs consommateurs. Il faut malheureusement souligner que cette tendance profite avant tout aux industriels du sans-gluten, dont les produits sont souvent plus riches en graisses et en glucides (voir p. 24). Cela ne va pas améliorer le problème de l'obésité... L'explosion du marché sans gluten devrait continuer à s'accentuer, aux États-Unis mais aussi en France. Dans notre pays, par exemple, le marché des produits sans gluten a plus que doublé en 2014, passant de 35 à 78 millions d'euros de chiffre d'affaires.
Source : NPD Group Survey, janvier 2013.

QU'EST-CE QUE LA MALADIE CŒLIAQUE ?

La maladie cœliaque est une **maladie chronique auto-immune**. En clair, en présence de gluten (et plus précisément de prolamine), **le système immunitaire attaque ses propres cellules** qu'il considère comme ennemies, ce qui aboutit à une inflammation voire une destruction des tissus : on parle de réaction auto-immune. Parmi ces maladies, on trouve aussi, par exemple, le diabète de type 1, la polyarthrite rhumatoïde, le psoriasis ou encore la sclérose en plaques. Dans le cas de la maladie cœliaque, ce sont les **parois de l'intestin grêle** (et plus précisément les villosités qui le composent) **qui sont attaquées**, ce qui entrave la digestion et empêche la bonne absorption des minéraux et des vitamines.

Maladie cœliaque ou intolérance au gluten ?

La maladie cœliaque est souvent appelée intolérance au gluten (à ne pas confondre avec l'hypersensibilité au gluten, beaucoup plus fréquente – voir p. 20). Or, il ne s'agit pas seulement d'une intolérance, car le système immunitaire est lui aussi impliqué. Voilà pourquoi, dans cet ouvrage, on parlera plutôt de maladie cœliaque.

Des symptômes multiples, un diagnostic difficile

La maladie cœliaque se traduit par un certain nombre de symptômes très variables d'un malade à un autre. Si certaines personnes cumulent plusieurs troubles, d'autres peuvent n'en constater qu'un seul… voire pas du tout (on parle dans ce cas de maladie cœliaque silencieuse). **Les symptômes les plus fréquents** sont les suivants :

- diarrhée ou constipation chroniques ;
- douleurs abdominales, gaz, ballonnements ;
- perte de poids ;
- fatigue, irritabilité ;
- pâleur (liée à l'anémie) ;
- état dépressif ;
- douleurs aux os et aux articulations ;
- crampes musculaires ;
- infertilité ou absence de menstruations ;
- engourdissements ou douleurs dans les membres ;
- éruptions cutanées ;
- aphtes ou ulcères dans la bouche.

Chez les enfants, la maladie apparaît généralement entre 6 et 24 mois, c'est-à-dire quelques semaines ou mois après l'introduction du gluten dans l'alimentation. Les symptômes les plus courants sont la diarrhée chronique, le manque d'appétit, les ballonnements, une stagnation de la croissance voire une perte de poids. Très souvent, l'enfant se montre également irritable, grognon... La maladie peut aussi survenir de manière plus tardive. Elle se caractérise alors par des douleurs abdominales chroniques, des ballonnements intestinaux, une diarrhée ou une constipation, mais aussi des anomalies de l'émail dentaire ou des douleurs articulaires.

À NOTER

Contrairement aux idées reçues (partagées encore aujourd'hui par de nombreux médecins généralistes), la maladie cœliaque n'apparaît pas uniquement pendant l'enfance. Elle peut aussi débuter à l'âge adulte.

À quoi est due la maladie cœliaque ?

Les chercheurs ignorent encore les causes précises de la maladie. En revanche, il existe des pistes sérieuses. On sait par exemple qu'il existe une prédisposition génétique à la maladie. Mais ce facteur héréditaire ne suffit pas à tout expliquer. Des facteurs environnementaux entreraient également en ligne de compte : infections intestinales, stress...

Le **diagnostic de la maladie cœliaque** est souvent long et difficile. Il peut se passer de longues années entre les premiers symptômes (qui ressemblent beaucoup à ceux d'un syndrome du côlon irritable par exemple) et le diagnostic proprement dit. On estime aujourd'hui que 1 Français sur 100 est porteur de la maladie cœliaque. Or, 80 % d'entre eux ne sont pas diagnostiqués*, souvent en raison de symptômes mineurs ou atypiques (par exemple, présence seule d'une carence en fer) ! Pourtant, il existe

* Source : *L'intolérance au gluten, une vraie maladie sous-diagnostiquée*, dossier de presse du Syndicat français de la nutrition spécialisée, mars 2015.

aujourd'hui des **tests simples et accessibles pour poser ce diagnostic**. Celui-ci est généralement fait en **3 étapes** :

① Un **test sanguin** permet de mesurer le taux de certains anticorps spécifiques de la maladie dans le sang : dosage des anticorps antitransglutaminase de type IgA et dosage pondéral des IgA géniques.

② En cas de résultat positif, une **biopsie de l'intestin grêle** est pratiquée. Cela consiste à prélever quelques tissus afin de procéder à une analyse.

③ Le patient est ensuite invité à adopter une **diète sans gluten**. Si les symptômes s'améliorent après plusieurs mois, le diagnostic de maladie cœliaque peut alors être confirmé.

ATTENTION !

Si vous pensez souffrir d'une intolérance au gluten, **n'entreprenez jamais, de votre propre chef, un régime sans gluten**. Vous pourriez en effet fausser les résultats si vous vous faites ensuite dépister.

Prévenir la maladie cœliaque, c'est possible ?

Si vous avez un enfant cœliaque à la maison, cela ne veut pas dire que son petit frère ou sa petite sœur le sera aussi. On estime que les risques sont de 1 sur 10. Pour diminuer ce risque (chez tous les enfants, et pas seulement dans les familles dont l'un des membres est cœliaque), il existe cependant quelques bons réflexes à prendre :

> Si vous le pouvez/souhaitez, **allaitez votre bébé jusqu'à ses 6 mois au moins**. Le lait maternel aurait en effet un rôle protecteur vis-à-vis de la maladie cœliaque : le risque de voir apparaître une intolérance au gluten serait réduit chez les enfants qui sont allaités au moment où le gluten est introduit dans l'alimentation.

> Introduisez le gluten dans l'alimentation de votre bébé **à partir de 4 mois et avant 6-7 mois** (sous forme de céréales infantiles dans le biberon, par exemple). Ni avant, ni après. Auparavant, les pédiatres conseillaient d'attendre que les enfants aient 6 mois révolus. Les recommandations ont changé en la matière. Des chercheurs de l'Institut danois

de santé publique ont ainsi constaté que les enfants qui ont commencé à manger des produits à base de blé à 7 mois ou plus présentaient 27 % de risque supplémentaire d'être atteints par la maladie cœliaque à l'âge de 2 ans.

La maladie cœliaque, ça se soigne ?

En cas de diagnostic positif, le traitement de la maladie cœliaque repose sur un **régime sans gluten STRICT et À VIE** : il n'existe aujourd'hui aucun traitement médicamenteux. Le régime sans gluten est la seule façon de **faire disparaître les symptômes et d'éviter les complications à long terme** de la maladie. Celles-ci sont en effet nombreuses et diverses. Le risque est de souffrir de malnutrition (en raison de la mauvaise absorption des minéraux et vitamines par la paroi intestinale), d'anémie (carence en fer), d'ostéoporose (carence en calcium et vitamine D), mais aussi de calculs rénaux, de problèmes cardiovasculaires (thrombose veineuse) ou hépatiques (cirrhose), ainsi que de migraines et de dépression. Dans certains cas, l'intolérance au gluten peut aussi déclencher une intolérance au lactose. La maladie est également associée à des problèmes de fertilité, d'arthrite ou encore à une augmentation des risques de maladies auto-immunes (diabète de type 1, thyroïdite) et surtout de cancer (de l'intestin).

L'élimination du gluten de l'alimentation est une obligation pour toutes les personnes intolérantes, et la maladie peut être marquée par des « hauts » et des « bas ». Certains malades doivent **revoir toutes leurs habitudes de vie**. Les personnes les plus intolérantes, par exemple, ne peuvent pas entrer dans une boulangerie, car elles sont sensibles à la moindre particule de farine, même dans l'air ambiant. Bien souvent, elles doivent aussi éliminer de leur quotidien tous les produits non alimentaires qui peuvent également contenir du gluten : c'est le cas par exemple de certains shampoings, de certaines crèmes pour le visage ou le corps, de certains produits de maquillage (voir p. 69)... Au moment du diagnostic d'intolérance, on est souvent au plus haut de la maladie : impossible d'entrer dans une boulangerie ou de porter un rouge à lèvres contenant du gluten, par exemple. Après quelques mois de régime sans gluten, le niveau d'intoxication du corps baisse et ces actions banales du quotidien redeviennent possibles (**mais la consommation de gluten reste bien sûr interdite**).

Bientôt un nouveau test sanguin unique, un médicament… et un vaccin ?

Une équipe de chercheurs australiens affirme avoir mis au point un **nouveau test sanguin** permettant de dépister rapidement la maladie cœliaque. Il aide ainsi à détecter et à mesurer le taux de cytokine, une substance libérée par les lymphocytes durant la maladie. Une petite révolution par rapport au protocole de dépistage actuel, beaucoup plus long. Mais il faudra encore attendre quelques années avant de pouvoir l'utiliser, car d'autres études sont nécessaires pour vérifier son efficacité.

Une autre équipe de chercheurs, américains cette fois, s'est penchée sur la mise au point d'**un médicament qui permettrait aux personnes cœliaques de consommer sans problème des aliments contenant du gluten**. Il serait constitué d'une enzyme naturelle, nommée KumaMax, capable de décomposer les particules de gluten au niveau de l'estomac, et donc avant leur arrivée dans les intestins. Encore une voie de recherche prometteuse !

Autre signe d'espoir : en Australie (encore), un **vaccin contre la maladie cœliaque** est actuellement à l'étude. Celui est basé sur la désensibilisation : des petites doses de vaccin injectées régulièrement permettraient ainsi d'améliorer la tolérance des personnes cœliaques. D'autres recherches sont nécessaires pour tester et améliorer ce vaccin, mais c'est une piste également très sérieuse.

Une prise en charge partielle

Depuis 1996, les personnes diagnostiquées cœliaques peuvent se faire rembourser par la Sécurité sociale une partie du prix de certains produits sans gluten :

> Pour en bénéficier, il faut tout d'abord que votre médecin fasse une **demande de prise en charge** auprès de votre caisse d'assurance maladie, qui doit délivrer son accord pour enregistrer la maladie cœliaque comme affection de longue durée.

> Les produits concernés doivent être **composés de plusieurs ingrédients** (les produits seuls, naturellement sans gluten, ne sont pas

remboursés) – voir p. XX. Ils doivent avoir un numéro d'agrément et porter une vignette LPPR (pour Liste des produits et prestations remboursables).

> Le remboursement s'effectue **sur le prix LPPR du produit**. Exemple pour un pain sans gluten de 500 g : le tarif LPPR est de 4,40 euros. Si le pain est vendu 6 euros, il reste 1,60 euro à la charge du patient. Le complément peut ensuite faire l'objet d'un remboursement par la mutuelle : renseignez-vous !

> La base de remboursement est en 2015 de **45,74 euros par mois maximum pour les adultes et les enfants de plus de 10 ans, et de 33,56 euros pour les enfants de moins de 10 ans**.

> Il faut ensuite envoyer chaque mois :

- l'imprimé fourni par la caisse d'assurance maladie (CERFA n° 10465*01) ;
- une photocopie de l'ordonnance délivrée par le médecin (valable 6 mois) ;
- les vignettes présentes sur les produits sans gluten ;
- les factures correspondant à l'achat des produits.

Sachez également que certaines caisses ne demandent pas de justificatifs d'achat, mais simplement une attestation sur l'honneur.

QU'EST-CE QUE L'HYPERSENSIBILITÉ AU GLUTEN ?

Hypersensibilité au gluten et maladie cœliaque sont **deux choses très différentes**. Pendant longtemps, la question de l'hypersensibilité au gluten a fait l'objet d'un large débat dans le monde médical. Si une personne ne présentait pas les signes précis de la maladie cœliaque (présence d'anticorps caractéristiques, voir p. 17), on attribuait ses symptômes au syndrome du côlon irritable ou à des troubles d'ordre psychosomatique. Et on considérait souvent qu'elle pouvait sans problème continuer à consommer du gluten.

Mais les choses évoluent. Une étude italienne de 2015* a ainsi conclu que la sensibilité au gluten existait bel et bien. Pour le démontrer, les chercheurs ont donné à deux groupes de personnes se disant intolérantes (mais non diagnostiquées cœliaques) des gélules contenant pour certaines du gluten

* A. Di Sabatino *et al.*, « Small Amounts of Gluten in Subjects with Suspected Nonceliac Gluten Sensitivity: A Randomized, Double-Blind, Placebo-Controlled, Cross-Over Trial », *Clinical Gastroenterology and Hepatology Journal*, n° 19, février 2015.

et pour d'autres non. Au bout d'une semaine de test, les personnes qui consommaient du gluten voyaient les symptômes de leur intolérance augmenter tandis que les autres n'ont constaté aucun changement. La sensibilité au gluten n'est donc pas un effet de mode, elle existe vraiment. Elle concernerait même, selon les sources, entre 10 et 20 % de la population.

Un diagnostic compliqué

La sensibilité au gluten peut provoquer **des symptômes très différents**. C'est pourquoi elle est, elle aussi, difficilement identifiable. Parmi ces symptômes, on trouve* :

- les douleurs abdominales (68 % des cas) ;
- l'eczéma/le rash cutané (40 %) ;
- les maux de tête (35 %) ;
- une sensation de fatigue (35 %) ;
- l'esprit embrouillé (34 %) ;
- la diarrhée (33 %) ;
- les ballonnements (25 %) ;
- la constipation (20 %) ;
- l'engourdissement des membres et l'arthromyalgie (20 %) ;
- l'anémie (20 %) ;
- la lipothymie (malaise, sans perte de connaissance – 20 %) ;
- les brûlures épigastriques (15 %) ;
- les nausées et les vomissements (15 %) ;
- les borborygmes (10 %) ;
- la glossite (inflammation de la langue – 10 %).

Ces symptômes apparaissent plusieurs heures ou jours suivant l'ingestion d'aliments contenant du gluten. Et, lorsqu'on les exclut totalement de l'alimentation, ils disparaissent. Mais on est encore bien loin de tout savoir sur l'hypersensibilité au gluten. Des études ont montré qu'elle pouvait être associée à des troubles neuropsychiatriques comme la schizophrénie ou l'autisme. Et ont même confirmé une amélioration du comportement chez les enfants autistes mis au régime sans gluten.

---

* Source : *Journal for Health Care Professionals*, Dr Schär Institute, n° 3, juillet 2011.

Hypersensibilité au gluten et maladie cœliaque : quelles différences ?

L'hypersensibilité au gluten se différencie de la maladie cœliaque sur un certain nombre de points :

> L'hypersensibilité au gluten serait liée à une **réaction immunitaire innée**, et ne reposerait pas sur la modification de la perméabilité intestinale ni sur un mécanisme immunitaire adaptif.

> Si la maladie cœliaque ne peut être guérie, il semble que l'hypersensibilité au gluten **puisse disparaître** après la mise en place d'un régime sans gluten pendant quelques années.

> En cas d'hypersensibilité au gluten, **le régime sans gluten peut être un peu plus « souple » qu'en cas de maladie cœliaque avérée** (où, rappelons-le, la moindre trace de gluten peut entraîner une réaction, et où il faut notamment faire attention à la contamination croisée). Les hypersensibles peuvent consommer, par exemple, les produits « naturellement sans gluten », sans craindre les effets néfastes de la contamination croisée (alors que les cœliaques ont intérêt à privilégier uniquement les produits certifiés signalés par un épi barré, voir p. 38).

Et l'allergie au blé, dans tout ça ?

Il ne faut **pas confondre allergie au blé, maladie cœliaque et hypersensibilité au gluten**. L'allergie au blé entraîne une réaction anormale du système immunitaire en cas d'ingestion de blé ou de produits dérivés (seul le blé est concerné, pas le gluten en général). Les symptômes peuvent être très différents : urticaire, gonflement du visage, difficultés respiratoires, diarrhée, vomissements, chute de la tension artérielle... Ils apparaissent généralement tout de suite après l'ingestion de blé, ou dans les quelques heures qui suivent. L'allergie au blé n'entraîne pas d'atteinte de la muqueuse intestinale, comme c'est le cas dans la maladie cœliaque. Dans ce cas, seuls des tests pratiqués chez un allergologue peuvent permettre de confirmer le diagnostic.

Suis-je hypersensible au gluten ?

À l'heure actuelle, il n'existe pas de test comme pour la maladie cœliaque. Pour en avoir le cœur net, le plus simple est d'évincer le gluten de son alimentation pendant quelques semaines, avant de le réintroduire. Puis d'analyser rapidement les résultats : si les symptômes dont vous souffrez ont diminué pendant la phase sans gluten et reprennent quand vous le réintroduisez, la probabilité est grande que vous souffriez d'une hypersensibilité au gluten.

ALIMENTATION SANS GLUTEN : HALTE AUX IDÉES REÇUES !

Régulièrement, des voix s'élèvent pour mettre en garde contre les dangers d'une alimentation sans gluten, surtout lorsqu'elle est adoptée par des personnes ne présentant ni intolérance ni hypersensibilité. Ces détracteurs s'appuient sur des idées reçues profondément ancrées. Il est temps d'y voir un peu plus clair.

L'alimentation sans gluten fait grossir (et rend diabétique)

FAUX. Cette idée se fonde notamment sur une étude menée en 2015 par des chercheurs de l'université Federico II de Naples, en Italie. Pendant un an, ils ont suivi 98 personnes tout juste diagnostiquées intolérantes au gluten. Ils ont montré que ces personnes, obligées d'adopter une alimentation sans gluten, étaient, au bout d'un an, plus nombreuses à souffrir de ce que l'on appelle le syndrome métabolique. Ce syndrome se manifeste par un ensemble de symptômes qui peuvent être annonciateurs de problèmes cardiovasculaires ou de diabète : prise de poids (notamment au niveau abdominal), élévation du taux de sucre et du taux de graisses dans le sang, hypertension artérielle… Ils en ont donc conclu que bannir le gluten de son alimentation fait grossir (et provoque de nombreux problèmes de santé !).

En réalité, cette conclusion est légèrement biaisée. En effet, les personnes de l'étude ont simplement remplacé les produits avec gluten par des produits sans gluten du commerce : pâtes, pain, biscuits… Dans ce cas précis, une telle alimentation fait effectivement grossir, car les produits du commerce estampillés sans gluten ont souvent un **index glycémique plus** élevé (voir aussi p. 40). Ils sont également souvent **plus riches en graisses, en sucres rapides et en additifs divers** (comme l'hydroxylpropylméthylcellulose ou les esters monoacétyltartriques et diacétyltartriques des mono- et diglycérides d'acides gras), et fabriqués avec des farines raffinées de mauvaise qualité. On ne parle même pas de leur prix, très élevé !

À NOTER

Manger sans gluten ne signifie pas remplacer les pâtes, le pain et biscuits par leurs équivalents sans gluten. Il faut apprendre avant tout à **manger autrement**, en (re)découvrant de nombreux autres aliments sains et non transformés. À la place des pâtes, par exemple, on peut manger des lentilles ou du quinoa, deux produits beaucoup plus intéressants sur le plan nutritionnel. Il est également important de prendre de nouvelles habitudes alimentaires, comme manger le fromage avec une salade plutôt qu'avec du pain. Sans oublier qu'il existe mille et une façons de préparer soi-même ses pains et gâteaux sans gluten, et donc d'éviter les produits industriels bourrés de graisses, de mauvaises farines et d'additifs aux noms étranges.

Maladie cœliaque et diabète

Plusieurs études ont montré que la maladie cœliaque et le diabète ont des gènes communs. Résultat : on estime que 4 à 11 % des diabétiques de type 1 sont intolérants au gluten. Ce sont d'ailleurs deux maladies auto-immunes. D'où l'importance, quand on est intolérant au gluten, de faire également attention à l'index glycémique des aliments que l'on consomme (voir p. 40), en particulier celui des produits industriels, souvent élevé.

À l'inverse, le régime sans gluten fait-il maigrir ?
Certes, si vous arrêtez de manger des pâtes, du pain, des gâteaux, des pizzas ou des biscuits, vous allez perdre du poids. Surtout si, et c'est souvent le cas, vous avez l'habitude de consommer des céréales raffinées et non complètes. Résultat : le régime sans gluten séduit de plus en plus les stars et le grand public qui veulent surveiller leur ligne. Mais ce n'est pas tant l'arrêt du gluten qui fait maigrir que l'**attitude que l'on a vis-à-vis des aliments**. Si on arrête de consommer de la baguette (et qu'on ne la remplace pas par son équivalent sans gluten), on mangera aussi logiquement moins de fromage, moins de beurre, moins de pâte à tartiner et moins de confiture. Si on arrête les pâtes pour les remplacer par des lentilles, par exemple, on consommera aussi moins de sauce et de fromage râpé. Ce n'est qu'à cette condition que le régime sans gluten peut faire mincir. Sans oublier que manger sans gluten oblige à **vérifier les étiquettes des produits industriels**. En constatant que le gluten se cache partout ou presque, vous serez inévitablement amené à **diminuer votre consommation de plats préparés**, ce qui ne peut qu'être bénéfique pour votre ligne.

L'alimentation sans gluten provoque des carences en fibres, protéines, vitamines, minéraux…

FAUX. Le gluten est une simple protéine, sans intérêt nutritionnel particulier. L'éliminer de son alimentation ne peut donc pas provoquer de carences en vitamines, en minéraux ou en fibres. Ce que sous-entendent tous ceux qui avancent cet argument est qu'éliminer de son alimentation tous les produits qui contiennent du gluten provoque des carences. Soyons précis ! Cette affirmation-là incite davantage à la réflexion. Certes, le gluten est tellement présent partout que bannir tous les produits qui en contiennent augmente effectivement les risques de carences. Mais, dans un pays où la baguette est reine, c'est oublier un peu vite que l'on peut fabriquer du pain, des biscuits ou des gâteaux avec d'autres produits que la farine de blé ! Évidemment, si vous vous contentez de remplacer votre farine de blé par de la farine de riz (qui est sans aucun intérêt nutritionnel, voir ci-après) ou par des mix de farines (voir p. 51) de piètre qualité, vous risquez effectivement des carences en fibres, en minéraux, en vitamines ou en protéines.

En réalité, de nombreuses autres céréales sans gluten sont bien plus intéressantes sur le plan nutritionnel que le blé et ses acolytes. Voici une petite comparaison des teneurs en fibres et en protéines de certaines farines. On voit rapidement que de nombreuses farines sans gluten n'ont rien à envier à la farine de blé. Au contraire !

FIBRES

FARINE	TENEUR EN FIBRES POUR 100 G
Farine de coco	Entre 45 et 60 g
Farine de soja	22 g
Farine de pois chiches	15,5 g
Farine de lentilles	11 g
Farine de sarrasin	6,9 g
Farine de quinoa	6,3 g
Farine de blé T65	4,1 g
Farine de riz demi-complet	2,2 g
Farine de riz blanc	1,3 g

PROTÉINES

FARINE	TENEUR EN FIBRES POUR 100 G
Farine de soja	38,2 g
Farine de lentilles	24 g
Poudre d'amandes	21,94 g
Farine de pois chiches	19,6 g
Farine d'amarante	14,4 g
Farine de quinoa	12,8 g
Farine de blé T65	12,8 g
Farine de riz demi-complet	7,4 g
Farine de riz blanc	7,2 g

Source : Celnat.

Comparons maintenant la teneur en certains minéraux et vitamines de plusieurs farines : on voit clairement que la farine de blé n'est pas la plus intéressante sur le plan nutritionnel !

	FARINE DE BLÉ	FARINE DE SARRASIN	FARINE DE SOJA	FARINE DE CHÂTAIGNE
Magnésium / (mg/100 g)	24,8	157	256	67,9
Fer / (mg/100 g)	0,89	2,5	9	< 0,1
Vitamine B1 / (mg/100 g)	0,15	0,34	0,7	0,23
Vitamine B9 / (ug/100 g)	16,4	66,8	300	215

Source : www.i-dietetique.com.

La conclusion reste la même : remplacer la farine de blé par d'autres farines ne peut donc avoir que des avantages. CQFD.

Le gluten, une protéine « nouvelle » dans l'alimentation humaine

La protéine de gluten a très longtemps été absente de l'alimentation des hommes. En effet, les céréales, et notamment le blé, n'ont été domestiquées qu'il y a 10 000 ans. Durant plusieurs millions d'années, l'homme a donc mangé sans gluten, sans que cela ne nuise à son évolution ! De plus, au cours des quarante dernières années, les industriels ont beaucoup transformé cette céréale pour accroître son rendement et sa résistance. Résultat : le blé « moderne » est devenu encore moins assimilable par l'homme, ce qui explique l'explosion de la fréquence de l'intolérance au gluten dans nos sociétés. Sans oublier que le blé se retrouve aujourd'hui dans une très grande majorité des produits industriels, dont la consommation ne cesse d'augmenter. Il est donc logique que le corps, qui doit sans cesse faire face à des quantités de plus en plus importantes de gluten, ait du mal à l'absorber.

L'alimentation sans gluten est pauvre en féculents

FAUX. Cette idée reçue s'appuie sur l'idée que les féculents regroupent essentiellement les pâtes et le pain, donc les produits avec gluten. C'est très loin d'être vrai. Il existe en effet un grand nombre de **féculents naturellement sans gluten** :

- fèves ;
- haricots rouges, haricots blancs ;
- lentilles (vertes, blondes, corail) ;
- maïs, polenta ;
- patate douce ;
- petits pois ;
- pois cassés ;
- pois chiches ;
- pomme de terre ;
- quinoa ;
- riz ;
- topinambour.

ATTENTION !

- Certains intolérants au gluten digèrent difficilement certaines légumineuses (lentilles, pois cassés…) en raison de leur peau un peu épaisse. Veillez à **les cuire suffisamment longtemps** ou bien à **les réduire en purée** (houmous ou purée de pois cassés, par exemple) : cela peut, dans certains cas, faciliter leur digestion.
- Les féculents doivent faire partie d'une **alimentation variée et équilibrée**, car ils ont un effet rassasiant et contribuent aux apports en vitamines, minéraux et fibres. Le Plan national nutrition santé recommande d'en manger à chaque repas (ce que fait uniquement 1 homme sur 2 et 1 femme sur 3* !).

L'alimentation sans gluten n'est pas plus saine

FAUX. Manger sans gluten oblige à lire les étiquettes des produits industriels que l'on achète afin de vérifier la présence ou non de gluten. Et donc à se rendre compte que la grande majorité des produits industriels contient des additifs, notamment dérivés du blé. Résultat : on les bannit de son alimentation (et on redécouvre le plaisir du fait-maison). C'est la première règle d'or pour manger mieux, plus sain et plus équilibré. À une seule condition : ne pas se rabattre sur les produits industriels estampillés sans gluten qui, pour le coup, sont loin d'être parfaits sur le plan nutritionnel (voir p. 24) !

Arrêter le gluten, c'est très compliqué au quotidien

FAUX. Certes, dans notre société où le pain et les pâtes sont omniprésents, il n'est pas toujours évident de changer ses habitudes alimentaires. Il faut en moyenne 3 mois pour commencer à vraiment changer, et environ 6 mois pour s'habituer complètement. C'est donc une affaire de patience. **Vous voulez supprimer le gluten de votre alimentation** (et de votre vie) **par choix ?** Pour vous faciliter la tâche, vous pouvez adopter ce **programme en 3 étapes** :

* Source : Étude NutriNet-Santé.

① Bannissez les produits où le gluten est visible : pain, pâtes, gâteaux, biscuits... Quand vous cuisinez, remplacez la farine de blé par des farines sans gluten.
② Apprenez à repérer le gluten « caché » sur les étiquettes des produits alimentaires, par exemple les sauces, les glaces, les bonbons... Autant de pièges à déjouer (voir p. 59) !
③ N'oubliez pas que le gluten se cache aussi dans de nombreux produits cosmétiques : shampoings, crèmes, rouges à lèvres... (voir p. 69). C'est la dernière étape de votre programme : faire le tri dans votre salle de bains. Elle est indispensable si vous souffrez d'une intolérance au gluten : chez certaines personnes, l'application d'un rouge à lèvres ou d'un shampoing en contenant peut déclencher une réaction.

À NOTER

Bien sûr, si l'on vous diagnostique une maladie cœliaque ou une hypersensibilité au gluten, il vous faudra suivre les trois étapes **en même temps** afin d'éliminer totalement et rapidement le gluten de votre quotidien.

COMMENT CUISINER SANS GLUTEN POUR TOUTE LA FAMILLE ?

LES AVANTAGES D'UNE MAISON « NO GLU »

Vous venez de découvrir que l'un de vos enfants, votre conjoint ou vous-même êtes intolérants au gluten. Une question légitime se pose alors : faut-il décider dès maintenant d'adopter à la maison une alimentation exclusivement « no glu » (pour *no gluten* : « sans gluten ») ? Notre réponse est « oui », car c'est **beaucoup plus simple**. Le côté pratique est en effet très important. Si vous continuez à cuisiner, en parallèle, des aliments contenant du gluten, il vous faudra adopter certaines précautions particulières (voir p. 33). Si, au contraire, vous bannissez le gluten de votre cuisine, **vous vous simplifierez la vie** !

> Sachez que le gluten est une **particule très collante, qui se faufile partout**. La farine étant très volatile, la contamination de la cuisine est fréquente. La seule présence d'un paquet de farine de blé mal fermé peut déclencher des réactions chez les personnes intolérantes hyper-réactives.

> Adopter une alimentation 100 % sans gluten permet aussi d'**éviter les tentations**. Pas facile de faire comprendre à un enfant intolérant qu'il ne pourra pas goûter au gâteau que vous préparez pour le reste de la famille. Ou à la baguette que vous venez d'acheter chez le boulanger pour le dîner. À l'inverse, ce n'est pas parce que vous cuisinez exclusivement sans gluten à la maison que les personnes non intolérantes ne peuvent pas manger des pâtes ou une pizza au restaurant, ou bien se régaler avec un croissant tout chaud sur la route du travail ou de l'école...

Et au restaurant, on fait comment ?

Si vous êtes intolérant ou hypersensible au gluten, vous devrez prendre un certain nombre de **précautions** si vous déjeunez à l'extérieur. En effet, opter pour un poulet-petits légumes, un poisson vapeur-riz ou un steak tartare-frites ne suffit pas !

- **Informez toujours le serveur que vous mangez sans gluten**, et assurez-vous que le plat que vous souhaitez est bien sans gluten. Si nécessaire, demandez à interroger directement le chef.
- Quel que soit le plat que vous prenez, demandez toujours **la sauce à part**.
- Ne prenez **jamais de purée de pomme de terre**, car il y a de grands risques qu'elle soit faite avec des flocons (susceptibles de contenir du gluten). Sauf si vous connaissez bien le restaurant et que vous êtes sûr à 100 % que le chef prépare sa purée avec de vraies pommes de terre !
- **Prudence si vous commandez une salade César ou une salade de chèvre chaud** (sans croûtons et sans pain, bien sûr) et que le serveur oublie votre consigne. S'il ramène votre plat en cuisine, il est probable que le chef se contente de mettre de côté les aliments interdits : votre salade n'en reste pas moins contaminée par des particules de gluten...
- Sachez également que, dans certains restaurants, **les légumes sont cuits dans la même eau que les pâtes**... C'est ce que l'on appelle la **contamination croisée**. Les frites peuvent également avoir été cuites dans le même bain de friture que les nuggets ou les beignets !

→

- **Dans les restaurants asiatiques**, la prudence est aussi de mise, même si vous ne prenez « que » du poisson, du riz et des légumes. En effet, de nombreux plats sont cuisinés avec des sauces contenant du gluten : sauce soja, sauce yakitori, sauce d'huîtres… La solution : opter pour les sashimis, les sushis et le riz blanc (sans sauce, donc !).
- **En dessert**, évitez bien sûr les tartes, les gâteaux, mais aussi les glaces (et même les sorbets, voir p. 67). Prudence également avec la mousse au chocolat, car elle peut avoir été faite à partir d'une préparation en sachet. Au final, le choix de desserts n'est pas très grand : vous pouvez opter pour une salade de fruits, par exemple.
- Conclusion : pour éviter tout risque, mieux vaut se cantonner aux **restaurants sans gluten**. Bonne nouvelle : ils sont de plus en plus nombreux en France (voir encadré ci-après) !

L'ASTUCE EN +

À découvrir : le site **www.sortirsansgluten.com** recense des bonnes adresses de restaurants, boulangeries et pâtisseries 100 % sans gluten, ou de lieux proposant des plats sans gluten (traces possibles).

LES RÈGLES D'OR D'UNE MAISON MIXTE (« GLU »/« NO GLU »)

Une maison entièrement *no gluten*, c'est rare ! Même si vous avez décidé de mettre toute votre famille au régime sans gluten au quotidien, il y aura inévitablement des moments où le gluten franchira le pas de votre porte : parce que votre mari refuse de bannir ses tartines du matin, parce que vous avez décidé de préparer un gâteau d'anniversaire pour les copains de votre fils aîné (qui, lui, n'est pas intolérant au gluten), parce que votre cadette veut s'essayer à la pâte à sel (avec de la farine de blé…). Or, soulignons-le, le gluten est une particule collante. Il faut donc prendre certaines précautions, en particulier si vous êtes intolérant.

> Bannissez **les planches et les cuillères en bois** : le gluten se faufile dans les interstices du bois et il est très difficile de l'en déloger. Se tromper d'ustensiles est si vite arrivé... Utilisez donc de préférence des accessoires en plastique ou en silicone (qui passent sans problème à la machine à laver) : planches à découper, spatules...

> **Lavez tout au lave-vaisselle.** C'est la seule manière d'être sûr d'éliminer les particules de gluten.

> Vous pouvez aussi **prévoir tout en double**, en vous aidant de couleurs pour les différencier : une batterie d'accessoires pour la cuisine sans gluten et une autre pour la cuisine avec gluten. N'oubliez pas également d'avoir **deux passoires**, car elles sont très difficiles à laver, même au lave-vaisselle.

> **Prévoyez deux grille-pain :** un pour le gluten, un pour le sans-gluten ! Il suffit en effet de quelques miettes de pain classique pour contaminer des tranches de pain sans gluten. La meilleure façon de ne pas se tromper est de coller une étiquette « NO GLU » sur l'un des deux. Autre solution (mais de dépannage) : acheter des sachets de cuisson spécial grille-pain, dans lesquels vous pourrez glisser vos tranches de pain sans gluten. Mais ce n'est pas la solution la plus économique ! À réserver aux vacances et aux déplacements...

> Mieux encore, consacrez **un plan de travail spécifique** à la cuisine sans gluten et un autre à la cuisine avec gluten.

> Dans les placards, réservez **une étagère spécifique aux farines et autres produits sans gluten**, dans des boîtes de rangement bien fermées et distinctes (avec une couleur verte pour les produits autorisés, par exemple, et rouge pour les produits « interdits »). Optez pour l'étagère la plus haute, afin qu'ils ne soient pas contaminés par les autres produits contenant du gluten.

> **Ne réutilisez pas l'eau de cuisson des pâtes** pour faire cuire vos légumes, votre riz ou vos pâtes sans gluten. En effet, une partie de l'amidon des pâtes migre dans l'eau.

> **Quand toute la famille est réunie**, optez pour un plat sans gluten.

- **Lors des repas mixtes**, servez d'abord le sans-gluten pour éviter toute contamination. Vous pourrez ensuite vous servir des mêmes couverts pour servir les plats avec gluten, ce qui n'est pas possible si vous procédez dans l'autre sens.
- N'oubliez pas de **vous laver les mains** après avoir touché un produit avec gluten.

Gérer le quotidien avec un enfant intolérant

- **Expliquez-lui sa maladie dans des termes simples**, sans dramatiser la situation. Vous pouvez par exemple lui dire que son petit ventre fonctionne différemment et qu'il ne peut pas manger certains aliments. Votre enfant doit comprendre qu'il ne peut pas manger comme ses copains, mais qu'il pourra continuer à se régaler avec des gâteaux et du pain (sans gluten, bien sûr).
- **Vous devez le responsabiliser très tôt** afin qu'il comprenne qu'il doit sans cesse faire attention. (Mais n'utilisez pas la menace et ne lui interdisez pas les biscuits ou le pain de manière catégorique, vous ne feriez que l'inciter à franchir les interdictions.)
- **Faites-le cuisiner avec vous** : il apprendra ainsi tout naturellement comment cuisiner sans gluten. Et aura plaisir à préparer lui-même ses cookies du goûter ou ses crêpes.
- Si votre enfant ne sait pas encore lire, **prévoyez un système de code couleurs** à l'aide de rubans adhésifs : vert, c'est permis ; rouge, c'est interdit. Étiquetez vos produits au moment de déballer les courses. Ça évitera aussi bien des problèmes avec la baby-sitter !
- Si votre enfant est invité chez un copain, n'oubliez pas bien entendu de **parler de la situation avec les parents**. S'il est invité pour le goûter, vous pouvez par exemple amener un gâteau maison sans gluten, des bonbons sans gluten, dans une boîte identifiée... Votre enfant sera content de les partager avec ses amis, et de leur montrer que le sans-gluten peut aussi être délicieux.

Enfant intolérant ou hypersensible au gluten : comment ça se passe à la cantine ?

Il est possible de mettre votre enfant à la cantine même s'il est intolérant ou hypersensible au gluten, à condition bien sûr d'adopter des règles strictes. Dans ce cas, vous devez signer un document appelé PAI (Projet d'accueil individualisé). Celui-ci détaille les modalités de prise en charge de votre enfant. Le PAI est signé par les parents, le directeur de l'école, le médecin traitant, le médecin scolaire et le responsable de la restauration scolaire.

Il existe plusieurs possibilités : soit le service de restauration scolaire fournit un repas sans gluten à votre enfant, soit vous lui préparez un panier-repas à la maison et votre enfant peut le manger à la cantine. Dans la plupart des cas, cela se passe très bien. Mais des témoignages de parents d'enfants cœliaques montrent que, parfois, cela peut poser des petits problèmes. L'équipe d'encadrement peut décider d'isoler l'enfant (surtout jusqu'à l'élémentaire) à une table pour éviter les échanges de nourriture, qui sont évidemment à proscrire. Si c'est le cas, cet isolement peut être difficile à vivre. Il est donc important, lors de la signature du PAI, d'en discuter ensemble et de se mettre d'accord pour le bien-être de l'enfant.

FAIRE SES COURSES SANS GLUTEN

Faire des courses sans gluten peut paraître compliqué, surtout au début. Mais, très vite, vous allez prendre les bons réflexes. Dans ce chapitre, découvrez les habitudes à adopter, les bons basiques de la cuisine sans gluten, ainsi que les moyens de déjouer les pièges du supermarché.

LES BONS RÉFLEXES À ADOPTER

> **Vérifiez toujours la composition du produit** que vous achetez. Depuis 2005, les industriels sont obligés de mentionner sur l'étiquette la présence des 14 allergènes les plus importants (dont fait partie le gluten).
> **Les mentions « Contient du gluten » ou « Traces de gluten »** sont une bonne indication, mais **ne suffisent pas**. Si, par exemple, un produit contient de l'orge ou du sirop de blé, la mention « Contient du gluten » ne sera forcément indiquée, puisque le gluten n'est pas « caché » ! D'où l'importance de toujours bien lire les étiquettes.
> Vérifiez aussi la composition des produits que vous connaissez et que vous achetez habituellement, car **la liste des ingrédients peut changer à tout moment**.

> Quand vous achetez des produits industriels, **ne vous fiez pas uniquement à l'ingrédient « de base »**, en vous disant que les chips, ce n'est que de la pomme de terre. De nombreux aliments sont effectivement naturellement sans gluten, comme la pomme de terre ou le maïs. Mais, en version industrielle, ces produits peuvent en contenir. C'est le cas par exemple des frites industrielles, de toutes les fritures, des chips de maïs, des galettes de maïs…

> N'oubliez pas que **le gluten peut aussi se cacher sous d'autres noms**, comme le E411 (gomme d'avoine), le sirop de malt, etc. (voir p. 59).

> **Au moindre doute sur la composition**, laissez le produit en rayon et appelez le service consommateurs de la marque. Vous pouvez aussi vous rendre sur son site Internet : de plus en plus de marques indiquent, parmi toutes leurs références, celles qui sont sans gluten.

> De manière générale, **privilégiez toujours les produits frais les moins transformés possibles**. Plus un produit a été travaillé, plus la probabilité qu'il contienne des additifs (et donc du gluten) est importante.

> N'oubliez pas qu'**un aliment naturellement sans gluten peut avoir été contaminé**, par exemple s'il est composé d'une céréale qui a poussé à proximité du blé (c'est le cas de l'avoine, notamment) ou s'il a été transformé dans une usine travaillant également le gluten.

« Sans gluten », « Naturellement sans gluten », « Pauvre en gluten » ou « Certifié sans gluten » ?

Pas toujours facile de s'y retrouver dans les étiquetages concernant le gluten. Il est donc important de faire un petit point sur le sujet.

- Depuis 2005, **la présence de gluten doit être obligatoirement signalée** sur les étiquettes des produits en contenant.
- **La mention « Sans gluten »** (symbolisée par le logo de l'épi barré) garantit un produit fini « non contaminé », dont la teneur en gluten résiduel ne dépasse pas 2 mg/100 g (ou 20 ppm). On parle ainsi de produit certifié sans gluten. Ce logo a été créé en 1995 par un organisme anglais sans but lucratif, puis déposé en France par l'AFDIAG (Association française des intolérants au gluten) en 1996. Il peut être apposé sur des farines ou des produits prêts à consommer, comme

AFDIAG
www.afdiag.fr

→

les biscuits, les pains, les pâtes... Chaque année, l'association édite un répertoire listant les sociétés signataires*. On retrouve ce même logo de l'épi barré (sans la mention AFDIAG) sur les produits certifiés sans gluten issus des autres pays européens. Il garantit les mêmes normes concernant la teneur en gluten.

- **La mention « Naturellement sans gluten »** ne s'applique qu'aux aliments qui en sont naturellement exempts, par exemple les flocons de maïs du petit déjeuner ou la farine de tapioca. Mais, sans le logo de l'épi barré (voir ci-avant), cela ne garantit pas que le produit n'ait pas été contaminé lors de la culture, de la fabrication ou de l'entreposage du produit fini : il y a alors un risque de contamination croisée, qui est dangereux pour les intolérants (mais pas pour les hypersensibles).
- La mention « **Pauvre en gluten** » s'applique aux produits qui possèdent une teneur en gluten comprise entre 2 et 10 mg/100 g.

Conclusion : Ces différents seuils permettent à chacun d'adapter son alimentation en fonction de sa sensibilité. Les personnes les plus intolérantes ne consommeront par exemple que des produits certifiés par l'épi barré. Les autres pourront profiter d'un plus large éventail de produits, notamment des produits naturellement sans gluten.

Où faire ses courses sans gluten ?

Les supermarchés proposent tous ou presque des rayons sans gluten ou des produits sans gluten dans leurs rayonnages classiques. C'est l'assurance de trouver des farines à prix abordables, comme la farine de sarrasin, la fécule de maïs (ou Maïzena®) ou la fécule de pomme de terre. Malheureusement, peu de ces produits sont certifiés sans gluten.

Les magasins bio sont bien sûr un lieu privilégié pour se fournir en farines de toutes sortes. Vous trouverez également un bon choix de farines certifiées sans gluten.

* Répertoire disponible sur le site Internet www.afdiag.fr (rubrique « Diététique / Les produits sans gluten »).

Les magasins asiatiques fournissent également diverses farines et fécules sans gluten, notamment la farine de riz, la farine de soja ou encore la fécule de tapioca. Prudence si vous êtes intolérant, car ces produits ne sont pas certifiés sans gluten.

PRODUITS SANS GLUTEN ET IG

Quand on commence un régime sans gluten, on peut être tenté de troquer les aliments industriels que l'on consommait habituellement (comme les pâtes, les biscuits, le pain...) par des aliments industriels présentés comme « sans gluten ». Prudence, car ces produits sont souvent fabriqués à base de farine de riz ou de maïs ainsi que de fécules. Tous ces ingrédients ont pour résultat de **faire augmenter l'index glycémique du produit**, ce qui peut conduire à une **prise de poids**. L'IG de la farine de riz blanc, par exemple, est de 95 (alors que celui de la farine de blé blanche a un indice de 85, et celui de la farine de blé demi-complet affiche 65). De plus, rappelons que la maladie cœliaque est souvent liée avec le diabète. Or, cette maladie impose de faire attention à l'IG des aliments que l'on consomme.

Qu'est-ce l'index glycémique ?

L'index glycémique, ou IG, est la **mesure de l'impact d'un aliment glucidique sur la glycémie**, à savoir le **taux de sucre dans le sang**. Tous les aliments sont classés selon une échelle à 3 niveaux* (l'IG de référence étant celui du glucose) :

- **En dessous de 55 : IG bas.**
  Exemples : pomme, orange, noix de pécan, tous les légumes verts, riz brun...
- **Entre 55 et 70 : IG modéré.**
  Exemples : abricots frais, melon, raisins secs, riz blanc, polenta, sucre blanc, confiture...
- **Au-dessus de 70 : IG élevé.**
  Exemples : confiseries, lait de riz, dattes, purée de pommes de terre instantanée, frites...

---

* Pour en savoir plus, et connaître l'IG des principaux aliments, lisez *Ma bible IG* du Dr Pierre Nys, Leduc.s Éditions, 2014.

Sans gluten et IG bas, c'est possible ?

Une étude menée sur plusieurs pains industriels sans gluten et publiée en 2011 dans la revue *Plant Foods for Human Nutrition** a par exemple montré que les produits industriels sans gluten présentent plusieurs défauts : ils sont très riches en graisses et en glucides, et pauvres en protéines. Leur composition en graisses est déséquilibrée, car ils contiennent trop d'oméga 6, et les glucides sont principalement composés d'amidon, un sucre digéré très rapidement. Résultat : un index glycémique très élevé.

Le problème de l'index glycémique se pose également si vous décidez, par exemple, de remplacer le pain traditionnel par des galettes de riz. Vous croyez bien faire mais, en réalité, ces produits ont un index glycémique particulièrement élevé : 85 (contre 45 pour le pain aux céréales ou 70 pour le pain blanc).

Il existe heureusement des astuces pour manger sans gluten tout en évitant de tomber dans le piège des aliments à IG élevé :

> **Vérifiez toujours la composition des produits industriels sans gluten.** Pour les pâtes, par exemple, évitez d'acheter les produits principalement composés de farine de maïs ou de riz, et préférez les pâtes à base de sarrasin (sobas). Même réflexe pour les biscuits et les pains : évitez ceux qui sont principalement composés de farine de riz et de fécules. De la même manière, pour le petit déjeuner, évitez les céréales à base de riz ou de maïs, et préférez celles à base de sarrasin ou de quinoa. Évitez également les produits composés de lait de riz (comme les crèmes dessert), dont l'IG est particulièrement élevé. Préférez le lait de soja ou d'amande.

> Pour cuisiner, sachez que vous avez à votre disposition un **large éventail de farines sans gluten à IG bas** : poudre d'amandes et de noisettes (IG 20), farine de soja (IG 25), farine de pois chiches (IG 35), farine de coco (IG 35), farine de lentilles (IG 35), farine de sarrasin (IG 40), farine de quinoa (IG 40)...

> L'IG de la farine de riz blanc étant particulièrement élevé (95), **remplacez-la toujours par de la farine de riz demi-complet ou complet** (IG 75).

---

* M.E. Segura et C. M. Rosell, « Chemical Composition and Starch Digestibility of Different Gluten-Free Breads », *Plant Foods for Human Nutrition*, n° 66(3), septembre 2011.

> **Misez sur la farine de coco**, dont la teneur exceptionnelle en fibres permet de faire baisser l'IG de votre préparation, notamment si vous cuisinez avec de la farine de riz.
> **Ajouter un filet de jus de citron ou de vinaigre** vous permettra de freiner l'augmentation du glucose dans le sang. Et donc de limiter les effets néfastes d'un IG élevé.
> **Consommez toujours les aliments à IG élevé** avec une source de lipides ou de glucides : cela permettra de faire baisser l'IG. Exemple : associez vos galettes de riz soufflé (si vous ne pouvez pas vous en passer) avec une tranche de jambon blanc ou un peu de purée d'amandes...

LES BONS BASIQUES DE LA CUISINE SANS GLUTEN

Les farines

Pour ne pas faire de jalouses, nous avons classé les farines par ordre alphabétique. Les premières farines citées ne sont donc pas forcément les plus utilisées.

À NOTER

Si certaines farines naturellement sans gluten sont faciles à trouver en version certifiée (logo épi barré, voir p. 38), ce n'est pas le cas de toutes. Cela veut donc dire qu'elles peuvent avoir été contaminées par du gluten lors de la culture ou de la transformation du produit d'origine. Si vous êtes intolérant, mieux vaut donc ne pas en consommer.

Bien conserver ses farines

Les farines se conservent dans un endroit sec, à température ambiante, dans un récipient fermé hermétiquement. Pour éviter de voir se développer des mites alimentaires, achetez vos farines en petite quantité.

Attention, certaines farines « huileuses » doivent être stockées au réfrigérateur afin d'éviter tout problème de rancissement : c'est le cas de la farine de coco, de la poudre d'amandes et de la farine de riz demi-complet.

La farine d'amarante

Cette farine possède une belle couleur brune et s'utilise **à hauteur de 25 % dans un mélange de farines sans gluten**. Elle est également excellente pour épaissir les roux et les sauces. Elle permet d'améliorer les qualités nutritives de la recette : elle est particulièrement riche en fer et en protéines. Elle contient aussi de la lysine, un acide aminé rare dans les céréales.

La farine de châtaigne

Avec son petit goût sucré, c'est une farine idéale pour **les gâteaux, les muffins, les crêpes et les pains**. Elle contient plus d'amidon et moins d'huile que les autres farines de fruits à coque (amande, noisette). Autrefois, elle était beaucoup utilisée par les paysans pauvres d'Italie et de Corse pour cuisiner un gâteau plat appelé *castagnaccio*. Aujourd'hui, c'est plutôt une farine de luxe car assez chère. Elle est particulièrement riche en acides aminés essentiels et fibres. Elle apporte aussi de la vitamine E, des vitamines du groupe B ainsi que des minéraux comme le potassium, le phosphore et le magnésium.

La farine de coco

Notre chouchou ! La farine de coco est obtenue à partir de noix de coco fraîches. Leur chair est séchée puis pressée (afin d'en extraire l'huile vierge de noix de coco). Elle est ensuite broyée en une poudre très fine. On devrait plutôt la nommer « fibres de coco », plus que farine, tant elle est riche en fibres (entre 45 et 60 g pour 100 g, soit près de deux fois plus que le son de blé !). Plus légère que la poudre d'amandes, elle apporte de l'élasticité et permet de garder l'humidité dans les recettes et donc de préserver le moelleux d'un gâteau pendant plusieurs jours. Grâce à son goût de coco bien présent mais pas trop fort, c'est une farine **parfaite pour les gâteaux, les muffins, les crêpes, les pains...** Une toute petite dose de farine suffit dans une recette : environ **10 à 15 % du poids total des farines**. Elle est particulièrement riche en protéines (20 %) et pauvre en sucres rapides (14 % environ contre 70 % pour les autres farines). Elle contient également un large spectre d'acides aminés différents. Elle est aussi très riche en sélénium, un puissant antioxydant. En raison de son indice glycémique très bas (35), elle **convient aux personnes diabétiques**. C'est également la farine chérie du régime paléo (un mode d'alimentation sans lactose, sans produits céréaliers – et donc sans gluten – et sans produits transformés).

LES ASTUCES EN +

- Comme cette farine est très riche en fibres, elle gonfle énormément. Il faut veiller à adapter la dose de liquide, car elle « boit » beaucoup.
- Si vous la mélangez avec un peu d'eau (de préférence avec un mixeur ou un shaker, car elle « se dissout » relativement mal), elle donne un lait de coco léger et digeste. Dans des smoothies, elle apporte un petit goût naturellement sucré.

La farine de lentilles vertes

Cette farine apporte un petit goût particulier (et une couleur originale !) à vos **recettes, aussi bien salées que sucrées : pains, gâteaux, cakes, galettes, crackers, biscuits**... mais aussi **terrines de légumes**, par exemple. Sur le plan nutritionnel, elle est particulièrement intéressante, car elle est très riche en protéines et en fibres. Elle apporte également du fer, du phosphore, du manganèse, du cuivre...

La farine de lupin

Le lupin est un légume sec qui ressemble au pois. Sa farine est d'une jolie couleur jaune et possède des **qualités de liant**, qui peut servir à **remplacer les œufs**. Elle est très riche en protéines.

ATTENTION !

Certaines études scientifiques montrent que le lupin contient un allergène semblable à l'arachide. **Si vous êtes allergique à l'arachide, évitez-le.**

La farine de maïs

Elle est particulièrement indiquée dans la **préparation de gâteaux et de pains**. Elle est d'une belle couleur jaune pâle. Mais, comme la fécule de maïs, elle n'a pas vraiment de qualités nutritives. Son IG est assez élevé : 70.

Et la polenta ?

La polenta est une semoule de maïs. Elle permet de réaliser des plats salés et sucrés. On peut la préparer en purée crémeuse, en « frites », sous forme de cake ou de gâteau. Elle existe en plusieurs moutures : fine, moyenne ou grosse. Le seul problème est qu'il est assez difficile de trouver de la polenta certifiée sans gluten.

La farine de millet

Notre chouchou ! Le millet est l'un des grains les plus anciens cultivés par l'homme (plus de 12 000 ans !). Grâce à son petit goût de noisette, la farine de millet est **excellente dans les pains, les pâtes à tarte et les muffins**. C'est une bonne base pour la cuisine sans gluten, car elle a un goût moins rustique que certaines farines (sarrasin, quinoa...). **Même utilisée seule** dans une recette, elle apporte des qualités nutritionnelles et une texture agréable, contrairement à la farine de riz.

La farine de pois chiches

Elle a un **goût prononcé**. Voilà pourquoi on l'utilise **plutôt dans la préparation des pains** et non en pâtisserie. On l'utilise traditionnellement pour préparer les célèbres panisses et soccas (spécialités de la région niçoise), des pakoras (beignets indiens aux légumes), des galettes, des terrines végétales… Sur le plan nutritionnel, elle est intéressante, car elle est riche en protéines et en fibres.

La farine de quinoa

La farine de quinoa a un petit goût de noisette très appréciable **dans les pains et les gâteaux**. Elle permet aussi d'apporter une belle couleur à la mie et d'obtenir une belle croûte dorée et lisse. Mais, comme elle est obtenue à partir de grains lourds, elle **ne lève pas beaucoup**.

La farine de riz

C'est la moins chère des farines sans gluten, et aussi celle qui ressemble le plus à la farine de blé. Neutre au goût, **elle est un peu collante et permet de conserver l'humidité**, ce qui se révèle bien utile dans la cuisine sans gluten. Voilà pourquoi elle est généralement très présente dans les livres de recettes sans gluten. Mais il faut savoir qu'elle n'a aucune qualité nutritive, qu'elle ne lève pas beaucoup et qu'il faut donc **obligatoirement la mélanger avec d'autres farines, et surtout des fécules**. On en trouve de plusieurs sortes : la farine de riz blanc, la farine de riz complet et la farine de riz demi-complet.

ATTENTION !

Cette farine a un IG particulièrement élevé. D'où l'intérêt de l'utiliser avec parcimonie, de toujours préférer la farine de riz demi-complet (IG 75) à la farine de riz blanc (IG 95) ou bien de l'associer avec une farine riche en fibres, comme la farine de coco (voir p. 43).

Choisissez bien l'origine de votre riz !

Le riz contient de hauts niveaux d'arsenic, une substance potentiellement toxique pour l'organisme. C'est la conclusion d'une étude menée sur des farines, gâteaux, pains et pâtes à base de farine de riz publiée dans le *Journal of Food Science**. Si les niveaux d'arsenic ne posent pas de problème pour la plupart des personnes, qui consomment du riz occasionnellement, il n'en est pas de même pour les intolérants, qui en consomment généralement beaucoup sous forme brute ou transformée. On estime que les personnes cœliaques auraient un apport d'arsenic d'environ 0,45 µg/kg par jour, alors que l'Autorité européenne pour la sécurité alimentaire estime qu'un apport de 0,3 à 0,8 µg/kg entraîne un risque accru de lésions cutanées, de cancers et de maladies cardiovasculaires. Pour éviter les risques, il est donc important :

- de **diversifier les farines** que vous consommez ! – soulignons à nouveau que la farine de riz est loin d'être la plus intéressante sur le plan nutritionnel… ;
- d'opter pour une **farine de riz la moins contaminée possible** – on sait par exemple que certains sols (par exemple aux États-Unis) sont particulièrement riches en arsenic ;
- de **rincer le riz avant cuisson**, et de le **cuire dans une grande quantité d'eau**.

La farine de sarrasin

C'est l'**une des farines les plus digestes**. En raison de sa couleur grise, elle est parfaite pour apporter un côté rustique aux **pains sans gluten**. Elle permet de préparer également des **biscuits salés** et, bien sûr, de délicieuses **crêpes sucrées et salées** (on parle souvent de galettes de blé noir, mais le sarrasin n'a rien à voir avec le blé !). Au Japon, on l'utilise pour fabriquer des pâtes : les **sobas**. Son petit goût de noisette s'accorde parfaitement avec celui du chocolat noir. Sur le plan nutritionnel, elle est très riche en minéraux, notamment en magnésium.

* Sandra Munera-Picazo *et al.*, « Inorganic and Total Arsenic Contents in Rice-Based Foods for Children with Celiac Disease », *Journal of Food Science*, vol. 79(1), janvier 2014, p. T122–T128.

ATTENTION !

- Cette céréale étant souvent contaminée par le blé lors de sa culture, il est préférable de la choisir certifiée sans gluten si vous êtes intolérant.
- Elle ne lève pas beaucoup dans les gâteaux. C'est pourquoi il faut la mélanger à d'autres farines.

La farine de soja

D'une belle couleur jaune, elle possède un goût prononcé. Elle est notamment délicieuse **dans les desserts**. Riche en protéines, peu coûteuse, elle est très utilisée dans l'industrie alimentaire. Elle est très dense et rend la pâte épaisse. Dans la cuisine sans gluten, il ne faut **jamais la cuisiner seule** : elle doit représenter **20 % maximum** du poids total des farines.

La farine de sorgho

Le sorgho est une plante herbacée originaire d'Afrique. On peut le consommer en grains, comme le riz, ou sous forme de farine. Celle-ci sert à préparer **des biscuits, des gâteaux, du pain ou des galettes**.

La farine de teff

Le teff est aussi nommé le millet d'Éthiopie. Dans ce pays, il constitue l'une des bases de l'alimentation : on se sert notamment de sa farine pour préparer des galettes que l'on mange à tous les repas. De couleur ivoire ou brune, cette farine est très riche en calcium (vingt fois plus que les autres farines de grains) et en fer (deux fois plus que les autres farines de grains). Elle a un petit goût sucré de mélasse. Elle est notamment excellente **dans les recettes de gâteaux au chocolat, cookies et pain d'épices**. Elle est aussi très bonne dans les **pains maison sans gluten**, car elle est légèrement élastique. Mais attention, elle est particulièrement chère : environ 7 euros le kilo.

La poudre d'amandes

Notre chouchou ! Même si la poudre d'amandes n'est pas une farine à proprement parler, elle est utilisée comme telle dans la cuisine sans gluten, notamment dans la **confection des gâteaux et des biscuits**. Elle permet de **conserver une texture tendre** et de **diminuer la dose de sucre et de matière grasse** (d'environ 10 % par rapport à une recette classique) puisqu'elle est naturellement riche en huiles. Très riche également en protéines, fibres, potassium, magnésium, calcium et fer, c'est le « *superfood** » par excellence. La poudre d'amandes apporte également un **sentiment de satiété**. De plus, son indice glycémique très bas en fait l'un des ingrédients favoris des sportifs.

L'ASTUCE EN +

Vous voulez moudre vos amandes vous-même pour préparer votre propre poudre d'amandes ? Ajoutez-y un petit peu de sucre ou de farine de riz pour éviter que la poudre ne se transforme en pâte d'amande par accident !

La poudre de noisettes

Elle est surtout utilisée pour son **goût très intense**. Mais elle n'a pas les mêmes qualités nutritionnelles que la poudre d'amandes. On peut l'utiliser par exemple dans la **préparation de pains rustiques, de gâteaux automnaux, de biscuits**...

---

* *Superfood* : « superaliment », terme désignant les aliments présentant de grands bénéfices pour la santé.

Comment remplacer une farine par une autre ?

- **Les farines sans gluten** sont divisées en catégories selon le poids de leurs grains. Vous pouvez donc remplacer une farine à grains lourds par une autre farine à grains lourds, à poids égal (et non à volume égal) : sarrasin, amarante, lentilles, quinoa, millet, maïs, pois chiches, teff et soja. De la même manière, vous pouvez remplacer une farine à grains moyens par une autre farine à grains moyens : sorgho, riz complet, avoine.
- **Au niveau des goûts**, la farine de quinoa, à la saveur noisette, peut être remplacée par de la farine de châtaigne, dans les pains par exemple. La farine de sarrasin, elle, se substituera à la farine de teff.
- **Pour la farine de coco :** quand elle est utilisée à petite dose dans une recette (30 g, par exemple), vous pouvez la remplacer par de la poudre d'amandes. Au-delà de 30 g, elle contient tellement de fibres que nulle autre farine ne peut s'y substituer sans dénaturer totalement la recette.

Et les « crèmes » de céréales ?

Dans les magasins bio, au rayon des farines, vous trouverez aussi des « crèmes » de céréales : crème de quinoa, crème de riz, crème de millet, crème de kokkoh (à base de riz complet, riz doux, quinoa et haricots azukis)... Il s'agit en fait de farines précuites. Elles s'utilisent un peu comme les fécules et permettent de **préparer des crèmes dessert, des entremets, d'épaissir des potages ou des sauces...**

Et les flocons de céréales ?

Flocons de châtaigne, de millet, de riz, de soja, de sarrasin... de nombreuses céréales sont également disponibles sous forme de flocons (dans les magasins bio). Ceux-ci peuvent être intégrés dans des **pâtes à pain**, dans des **crumbles** ou des **biscuits** pour leur apporter du croquant, ou encore être mélangés avec de l'œuf, des herbes et des épices pour en faire des **galettes salées**. Ils peuvent également être cuits dans du lait pour **composer des petits déjeuners délicieux** ou **ajoutés dans un potage pour l'épaissir**.

Et les mix de farines tout prêts ?

Dans de nombreux magasins (bio, diététiques ou supermarchés), on trouve aujourd'hui des **mix de farines sans gluten prêts à l'emploi**. Leur intérêt est avant tout pratique : ils évitent d'acheter plusieurs sortes de farines et de fécules. Il en existe de trois sortes :

- le **mix pâtisserie**, généralement composé de farine de riz et de fécules (tapioca et pomme de terre) ;
- le **mix boulangerie** ou **mix pain** : il contient une association de farines et de fécules sans gluten ; certains contiennent aussi déjà de la gomme : vérifiez-le toujours sur l'étiquette ;
- le **mix pizza**, pour réaliser, comme son nom l'indique, une pâte à pizza sans gluten. Vous pouvez également l'utiliser pour cuisiner de la petite boulangerie (petits pains aux raisins, petits roulés à la cannelle ou à l'orange…).

À NOTER

Ces mix peuvent composer une bonne base quand on est pressé. Mais ils sont souvent sans grand intérêt nutritionnel (car majoritairement composés de farine de riz et de fécules) et fades au goût. N'hésitez pas à les enrichir, par exemple en ajoutant, dans le mix pizza, de la farine de millet ou de sarrasin, des herbes ciselées (estragon, thym, romarin…).

Si vous voulez les utiliser dans vos recettes, **vérifiez toujours s'ils contiennent de la gomme** (xanthane ou de guar) **et de la poudre à lever** afin d'adapter votre recette en conséquence.

Les fécules

La fécule de maïs

Cette poudre blanche très fine est principalement utilisée pour **lisser la farine de riz**, souvent un peu « râpeuse », **dans les pains ou les gâteaux**. Elle peut aussi être utilisée **seule dans des gâteaux**. Elle permet par ailleurs d'**épaissir les sauces** ou d'**enrober la viande** (quand vous préparez un plat en sauce, par exemple). Elle apporte également une finition glacée très esthétique pour les gâteaux. Mais elle n'a que très peu de qualités nutritives.

À NOTER

La Maïzena® vient d'être certifiée sans gluten (logo épi barré AFDIAG – voir p. 38).

Fécule de maïs ou farine de maïs ?

- La farine de maïs est issue de la **totalité de la graine** : amidon + germe + enveloppe du grain. Elle est de couleur jaune.
- La fécule est obtenue uniquement à partir de l'**amidon**, ce qui donne une poudre plus fine, essentiellement utilisée comme liant. Elle est de couleur blanche.

La fécule de pomme de terre

Comme la fécule de maïs, cette poudre blanche très fine permet de **lisser les farines sans gluten**. Elle peut être utilisée à la place de la fécule de maïs, surtout si vous ne digérez pas bien le maïs (c'est le cas de certaines personnes cœliaques).

La fécule de tapioca

Dérivée de la racine de manioc, cette fécule s'utilise principalement dans la préparation de **pains sans gluten**, car elle apporte une **consistance élastique**. Ne la confondez pas avec les billes de tapioca ou perles du Japon !

Peut-on remplacer une fécule par une autre ?

Les fécules de pomme de terre, de maïs et de tapioca peuvent être remplacées l'une par l'autre, sauf dans certaines recettes où le tapioca est l'ingrédient dominant.

L'arrow-root

Issue du rhizome (racine subaquatique) d'une plante tropicale, cette poudre blanche ressemble à une fécule. Elle est sans qualités nutritives particulières. Sa spécificité vient du fait qu'elle **épaissit à une température plus basse que les autres fécules** (il est recommandé de la diluer au préalable dans un liquide froid avant de l'ajouter à un liquide chaud). Elle est principalement utilisée pour **préparer des glaces, épaissir les sauces et les entremets**. Ne l'intégrez **jamais dans des biscuits**, car elle transforme la pâte en ciment !

Les levures

La poudre à lever

La poudre à lever, aussi appelée levure chimique, est la levure que l'on utilise classiquement en pâtisserie pour faire monter les gâteaux.

ATTENTION !

De nombreuses poudres à lever du commerce contiennent du gluten, sous forme d'amidon de blé. La solution : **opter pour une levure chimique sans gluten** (vérifiez que cela est bien mentionné sur le paquet). Vous en trouverez facilement dans les supermarchés. Pensez à bien la mélanger avec les farines.

La levure boulangère

Contrairement à la levure chimique, la levure boulangère est un produit vivant fabriqué à partir de levures naturelles. Elle se présente généralement sous la forme de billes minuscules. Pour trouver une levure boulangère fraîche déshydratée sans gluten, direction les magasins bio. Pour l'utiliser, **mélangez-la simplement aux ingrédients secs** (en n'oubliant pas le **sucre**, qui la nourrit).

Le levain

Il donne un **pain plus parfumé et qui se conserve mieux** que le pain à la levure boulangère. En version sans gluten, vous trouverez principalement du levain au quinoa. Dans certaines recettes, on peut le mélanger directement à la farine. Dans d'autres, on le mélange d'abord avec un liquide à 43 °C (eau, lait...) et un peu de sucre.

ATTENTION !

Ne le mettez pas en contact avec le sel : vous tueriez le levain.

Le bicarbonate de sodium

Il se révèle très utile pour **faire lever les préparations qui intègrent un aliment acide** comme la crème fraîche, la crème fleurette, le lait... C'est le cas par exemple des muffins. Associez-le moitié-moitié avec de la poudre à lever classique. Et pensez toujours à le tamiser pour éviter les grumeaux !

À NOTER

Le bicarbonate de sodium est également appelé « bicarbonate de soude ». On le trouve au rayon sel des supermarchés. À ne pas confondre avec les cristaux de soude, et encore moins avec la soude caustique, impropres à la consommation !

Les gommes

Pour apporter de la **texture**, du **moelleux** et de l'**élasticité** dans les recettes sans gluten, les gommes sont indispensables. Il en existe de plusieurs sortes. On les trouve principalement dans les magasins diététiques et sur les sites Internet spécialisés.

> **Que se passe-t-il si vous ne mettez pas de gomme dans votre recette ?**
>
> La gomme est un hydrocolloïde. En clair, elle va **absorber l'eau et la lier aux farines pour obtenir une texture**. Sans la gomme, l'eau ne va pas être absorbée de la même manière et le gâteau ou le pain risquent d'être trop humides ou détrempés.
>
> Dans les recettes avec gluten, c'est ce dernier qui absorbe l'eau et qui donne élasticité et souplesse à la pâte.

La gomme xanthane

Issue de la fermentation de grains de maïs, cette poudre blanche ressemble à de la poudre à lever. Elle est utilisée à peu près selon le même dosage, soit environ **½ cuillère à café pour 140 g de farine**. Dans la cuisine sans gluten, elle apporte de l'élasticité à la pâte. Elle aide aussi à prévenir la sécheresse et le côté « miettes ». Elle est **indispensable dans la préparation de pains**, et très utile dans la celle des **gâteaux**, **pâtes** et **biscuits** pour éviter que la pâte ne soit trop fragile.

La gomme de guar

Elle est extraite d'une fève riche en fibres. Elle est employée comme épaissisant, **stabilisant** et **émulsifiant**. On l'utilise à peu près de la même façon que la gomme xanthane.

ATTENTION !

Consommée en grande quantité, la gomme de guar peut avoir chez certaines personnes sensibles un **effet laxatif**. Mieux vaut donc alterner avec la gomme xanthane.

Le psyllium

Le psyllium blond est une plante originaire d'Inde et du Pakistan. Très riche en fibres, il est excellent pour stimuler le transit. Dans la cuisine sans gluten, il permet d'absorber l'eau : mélangé avec de l'eau tiède, il se transforme en gel épais et collant comme du miel. C'est une **excellente alternative aux gommes pour les personnes qui ne les tolèrent pas**. On trouve le psyllium sous forme pure ou bien en association avec d'autres ingrédients (comme le Mix'Gom, qui comprend aussi de la gomme d'acacia).

L'ASTUCE EN +

À la place de la gomme ou du psyllium, vous pouvez utiliser des **graines de chia** (préalablement gonflées dans de l'eau) ou des **graines de lin mixées**. Elles auront le même effet et vous apporteront des bons nutriments en plus ! Prévoyez la même dose (en cuillère) que la gomme indiquée sur votre recette.

Les « tout prêts sans gluten »

Les pâtes

Aujourd'hui, tous les grands fabricants de pâtes proposent leurs produits en version sans gluten. En supermarché, le choix est généralement satisfaisant et ces pâtes sont globalement de bonne qualité.

LES ASTUCES EN +

- Pour plus de bienfaits nutritionnels, optez pour des pâtes **fabriquées à base de riz brun plutôt que de maïs**. Dans les magasins diététiques, vous trouverez également un choix plus vaste, avec des pâtes au quinoa, aux lentilles, au sarrasin...
- Faites-les cuire **dans une grande marmite d'eau** afin de pouvoir les mélanger à votre guise pendant la cuisson : en effet, les pâtes sans gluten ont tendance à se coller entre elles.

N'oubliez pas les pâtes naturellement sans gluten !

Certaines pâtes sont naturellement sans gluten, car préparées avec d'autres céréales que le blé. C'est le cas par exemple des **sobas** (nouilles japonaises au sarrasin) ou des **vermicelles de riz ou de soja chinois**. Elles sont vendues dans les rayons asiatiques et dans les magasins de produits diététiques.

Les pâtes à tarte

On trouve aujourd'hui dans le commerce un bon choix de pâtes à tarte sans gluten prêtes à l'emploi : **pâte brisée**, **pâte à pizza** et **pâte feuilletée**. C'est surtout cette dernière qui est intéressante, car réaliser soi-même de la pâte feuilletée, c'est assez long et compliqué. Encore plus s'il s'agit d'une pâte sans gluten !

La poudre de lait

Elle permet de remplacer le lactosérum utilisé par les boulangers traditionnels dans la fabrication de leurs pains. Pensez à bien la tamiser afin d'éviter la formation de grumeaux, avant de la mélanger avec le reste des ingrédients secs.

Les sucres

Il n'y a pas que le sucre blanc raffiné au rayon des sucres. L'utilisation de sucres non raffinés (comme le **sucre de canne blond**, **brun**, **complet** ou le **rapadura**) est intéressante dans la cuisine sans gluten, car ils apportent davantage d'humidité et de moelleux. À essayer aussi : le **miel**, indispensable par exemple dans le pain d'épices. Pensez également au **sirop d'agave**, qui évite les pics de glycémie et apporte également une texture moelleuse. La **mélasse** est, elle aussi, une bonne option dans les pains (car elle aide à lever).

Rappelons que la maladie cœliaque a des gènes communs avec le diabète, et qu'il est donc important de **privilégier les sucres naturels, notamment ceux avec un index glycémique bas**.

	INDEX GLYCÉMIQUE
Sucre blanc, roux, complet ou intégral, rapadura, mélasse	70
Sirop d'érable	65
Miel	60
Sucre de coco	24,5
Fructose	20
Sirop d'agave (voir encadré ci-après)	15

ATTENTION !

L'IG du sirop d'agave dépend beaucoup de son mode de fabrication et de la maturité des agaves dont il est issu. Optez toujours pour un **sirop d'agave de bonne qualité, le moins raffiné possible et estampillé bio**.

LES AUTRES INGRÉDIENTS : ATTENTION AUX PIÈGES !

Jambon blanc, ketchup, sorbets... a priori, vous vous dites que ces produits sont exempts de gluten. Détrompez-vous : **ils peuvent contenir des ingrédients ou des additifs dérivés du blé** (voir la liste ci-après). D'où l'importance de **surveiller attentivement les étiquettes de tous les produits que vous achetez** si vous êtes intolérant au gluten. Évidemment, tous les additifs contenant les mots blé, avoine ou orge doivent vous mettre la puce à l'oreille. Mais il existe aussi de nombreux autres pièges. Si vous êtes intolérant, vous devez à tout prix les éviter !

Additifs contenant du gluten (ou pouvant en contenir) :

> Amidon de blé, germe de blé, huile de germe de blé, son de blé, sirop de blé.

À NOTER

Chimiquement, l'amidon de blé ne contient pas de gluten, car il s'agit d'un sucre. Mais, comme il est dérivé du blé, il peut avoir été contaminé par cette céréale lors de la fabrication. **À fuir, donc !** Sachez cependant que les mentions « amidon », « amidon transformé » et « amidon modifié », sans autre précision, désignent des amidons qui ne sont pas issus du blé ; il n'y a donc rien à craindre de ce côté-là.

> Son d'avoine, E411 (gomme d'avoine).

> Malt, maltose, extrait de malt d'orge, extrait d'orge malté, poudre de malt, poudre de lait malté, sirop de malt, vinaigre de malt.

> Dextrine maltose, maltodextrine, dextrose (fabriqués à partir d'amidon pouvant provenir du blé).

> Sirop de glucose (qui peut être issu du blé).

> Sirop de riz (certains sont fabriqués avec une enzyme à base d'orge).

> Sirop inverti.

> Arômes, arômes naturels, arômes artificiels.

À NOTER

Si l'origine des arômes n'est pas précisée, **prudence**, car certains arômes sont fabriqués à partir de malt.

> Épaississants (commençant par « E14 » suivi de 2 chiffres : E1400, E1401, E1402, E1403, E1405, E1410, E1411, E1412, E1413, E1414, E1420, E1421, E1422, E1423, E1440, E1442, E1443).
> Protéines végétales, protéines végétales hydrolysées, protéines végétales texturées.
> Agents antiagglomérants.
> Caramel (qui peut être fabriqué à partir de sirop de malt).

À NOTER

Sur un certain nombre d'ingrédients dérivés du blé (comme la maltodextrine ou le sirop de glucose, par exemple), les versions divergent. Selon l'AFDIAG, ces ingrédients seraient tellement transformés qu'ils ne contiendraient plus de gluten. Et donc qu'ils pourraient sans problème être consommés par les personnes intolérantes. Dans la pratique, c'est plus compliqué, car certains intolérants ne les supportent pas. À chacun donc d'établir sa propre liste d'ingrédients interdits en se basant sur celle donnée ci-avant, en fonction de sa sensibilité.

Attention au glutamate !

Cet additif, qui n'a aucun lien avec le gluten (malgré son nom !), est mal digéré par 30 % de la population générale. Comme les intolérants sont fragiles des intestins, il est évident que le glutamate n'est pas leur allié. Or, c'est l'un des additifs les plus utilisés par

→

les industriels. Il renforce le goût des viandes, poissons, légumes préparés, surgelés ou en conserve, ketchup, mayonnaise, sauce soja, saucisses, poudre pour nouilles instantanées, bouillons, sauces, jus de viande, mélanges d'épices... Il est également présent dans de très nombreux plats asiatiques : la cuisine asiatique utilise 80 % de la production mondiale de cet additif !
À noter : sur les étiquettes, il apparaît sous différents noms, comme glutamate monosodique, glutamate de sodium, monosodium glutamate, acide glutamique, E621, GMS ou MSG... D'autres appellations plus floues, comme « assaisonnement naturel », « épices », « protéines hydrolysées », peuvent également indiquer sa présence.

Les viandes et les charcuteries

✓ Les produits autorisés

> La viande et la volaille non préparées (fraîches ou surgelées).
Exemple : les steaks hachés pur bœuf.

> Les charcuteries fumées ou salées (non cuites) : jambon cru, saucisse sèche, saucisson, chorizo, salami, bacon...

ATTENTION AUX PRODUITS SUIVANTS

- Les charcuteries cuites, comme le jambon blanc. La plupart des jambons industriels contiennent du dextrose de blé (une forme de sucre) et ils sont souvent cuits dans un bouillon contenant des levures. Mais il existe aujourd'hui dans les supermarchés des jambons blancs signalés « sans gluten ».
- La chair à saucisse. Achetez-la de préférence chez le boucher. Si vous optez pour de la chair à saucisse industrielle, vérifiez la liste des ingrédients.
- Les saucisses industrielles : elles peuvent contenir des additifs.
- Le foie gras : vérifiez la présence ou non de certains additifs dans la version industrielle.

× Les aliments à bannir

> Les aliments panés, en beignets ou en croûte.
> Les préparations contenant de la chair à saucisse (tomates farcies, paupiettes, rôtis farcis...).
> Le boudin noir ou blanc.
> Certains pâtés, notamment les « mousses » ou « crèmes ».

Les poissons et les fruits de mer

✓ Les produits autorisés

> Le poisson nature, frais, fumé ou surgelé.
> Les fruits de mer non préparés.

ATTENTION AUX PRODUITS SUIVANTS

- Le surimi et le tarama, sauf s'ils sont certifiés sans gluten.
- Le poisson mariné : il peut contenir des additifs.
- Les poissons en conserve (type maquereaux, sardines...) : privilégiez les versions au naturel ou à l'huile. S'ils sont accompagnés d'une sauce, vérifiez la liste des ingrédients.

× Les aliments à bannir

> Les poissons panés, en beignets.
> Les quenelles de poisson.

Les produits laitiers

✓ Les produits autorisés

> Le lait nature, en bouteille ou en poudre.
> Les yaourts, fromages blancs et petits-suisses.
> Les fromages à pâte dure ou molle.

ATTENTION AUX PRODUITS SUIVANTS

- Les laits aromatisés et gélifiés : vérifiez la composition.
- Certains laits végétaux (lait d'amande, de noisette, de soja...) : ils peuvent contenir de l'orge.
- Les yaourts allégés.
- Les crèmes dessert.
- Les fromages à tartiner, en raison de la présence d'additifs dérivés du blé.

× *Les aliments à bannir*

> Les yaourts et les préparations lactées avec des céréales.

> Les entremets avec de la semoule.

> Les fromages à moisissures (type roquefort, gorgonzola...) : en raison de la présence de levure (et donc du gluten), indispensable pour développer la moisissure, mais aussi parce que les personnes sensibles au gluten digèrent mal les moisissures.

Les conserves

✓ *Les produits autorisés*

> Les conserves de légumes nature.

> Les conserves de poisson au naturel, à l'huile ou au vin blanc.

ATTENTION AUX PRODUITS SUIVANTS

- Les plats cuisinés.
- Le miso et la soupe miso : choisir un miso exclusivement à base de soja ou de riz.

× *Les aliments à bannir*

> Les soupes de légumes industrielles.

Les produits du petit déjeuner

✓ Les produits autorisés

> Les céréales marquées de l'épi barré (obligatoirement si vous êtes intolérant) – voir p. 38.

ATTENTION AUX PRODUITS SUIVANTS

- Les pétales de maïs ou de riz soufflé, car ils peuvent contenir des additifs comme le sirop de blé (toujours choisir les produits avec l'épi barré).
- Les flocons d'avoine : choisissez uniquement les produits certifiés sans gluten.
- Les galettes de riz : elles peuvent contenir des grains d'autres céréales (son, par exemple).
- Les pâtes à tartiner, les confitures, les chocolats et cacaos en poudre : pensez à vérifier la composition !

× Les aliments à bannir

> Les céréales à base de flocons de blé ou d'orge.
> Les biscottes, les viennoiseries...

Les condiments, les sauces, les épices

✓ Les produits autorisés

> Le tamari.
> Les épices non mélangées.
> Les fines herbes.
> Les cornichons.
> Les huiles (toutes) et les vinaigres (de vin, de cidre, de xérès...).

ATTENTION AUX PRODUITS SUIVANTS

- La moutarde, la mayonnaise, le ketchup, la sauce barbecue, le concentré de tomates… : vérifiez toujours la composition.
- Les sauces asiatiques : teriyaki, sauce de poisson…
- Les bouillons cubes, les fonds et fumets.
- Les épices mélangées.

× *Les aliments à bannir*

> Les vinaigrettes industrielles.
> Les vinaigres parfumés.
> La sauce soja : préférez la version sans gluten, c'est-à-dire le tamari (100 % soja).
> La sauce de poisson et la sauce d'huîtres.

Les confiseries, les produits sucrés

✓ *Les produits autorisés*

> Les bonbons sans gluten vendus sur certains sites Internet (voir adresses ci-après).

ATTENTION AUX PRODUITS SUIVANTS

- Les bonbons de manière générale (vérifiez toujours leur composition directement auprès de la marque).
- Le chocolat, en tablette ou fourré.
- Les rouleaux de réglisse.
- Les meringues industrielles : elles sont théoriquement sans gluten, mais prudence, certains fabricants peuvent y ajouter de l'amidon (de blé).
- Les fruits secs (figues, pruneaux…), les fruits confits : prudence là encore, car ils sont souvent farinés.
- Les crèmes de marrons/châtaignes : seuls les produits de très bonne qualité ne contiennent pas de gluten.

× *Les aliments à bannir*

> Le colorant caramel.
> Les meringues du boulanger (probablement contaminées par de la farine).

Où trouver des bonbons sans gluten ?

- www.rizen-sans-gluten.com, rubrique « Chocolat/confiseries ».
- www.exquidia.com, rubrique « Snacking/chocolats » ; c'est aussi l'un des rares endroits où trouver de la fécule de tapioca certifiée sans gluten.
- www.bonbonsgourmands.fr, rubrique « Bonbons sans gluten » : ce site de vente de bonbons propose des friandises sans gluten de la marque Fini, en paquets de 1 kg.

Les aides à la pâtisserie

✓ *Les produits autorisés*

> Les sucres.
> La gélatine et l'agar-agar.
> La poudre d'amandes, de noisettes...

ATTENTION AUX PRODUITS SUIVANTS

- La levure chimique et la levure de boulanger : toujours les choisir estampillées « sans gluten ».
- Le sucre glace : certains produits contiennent de l'amidon de blé (pour d'autres, c'est de l'amidon de pomme de terre). Bien vérifier la composition sur l'étiquette.
- Les décorations de gâteaux : très difficile à trouver certifiées sans gluten. Certaines marques proposent des produits sans gluten dans leur composition, mais qui ne peuvent pas être certifiés en raison de la contamination possible au sein de l'usine de fabrication, qui produit également des produits avec gluten.
- Les préparations pour flans.

× ***Les aliments à bannir***

> Les préparations pour gâteaux et crèmes.

Les surgelés

✓ ***Les produits autorisés***

> Les produits « nature », non préparés : viandes et volailles, poissons et fruits de mer, légumes et fruits.

ATTENTION AUX PRODUITS SUIVANTS

- Tous les produits préparés : vérifiez bien les étiquettes.
- Les glaces et les sorbets : 80 % contiennent du gluten, sous forme de glucose de blé ou de sirop de blé.

À noter : certaines grandes marques de surgelés donnent la liste de leurs plats sans gluten sur leur site Internet.

Les biscuits apéritif

✓ ***Les produits autorisés***

> Les oléagineux non grillés à sec (cacahuètes, noix de cajou, noisettes, amandes…).

ATTENTION AUX PRODUITS SUIVANTS

- Les mélanges d'oléagineux.
- Les chips : certaines contiennent du gluten, même les chips de maïs ou de pomme de terre.

× *Les aliments à bannir*

- Les oléagineux grillés à sec.
- Les chips et graines apéritives contenant du vinaigre de malt.
- Les biscuits salés.

Les boissons

✓ *Les produits autorisés*

- L'eau.
- Les jus de fruits.
- Le vin.
- Le café et le thé « nature ».

ATTENTION AUX PRODUITS SUIVANTS

- Les sodas, les sirops... : vérifiez toujours la composition.
- Les thés aromatisés, tisanes et infusions : attention aux arômes ajoutés et aux additifs (malt d'orge, par exemple).
- Les alcools : prudence, car si certains alcools sont naturellement sans gluten, ils peuvent en contenir sous forme d'additifs. Autre exemple : la tequila, faite à partir d'agave, est naturellement sans gluten. Mais, dans certains produits bas de gamme, du gluten est ajouté. De même, le rhum est fait à partir de la canne à sucre et est donc naturellement sans gluten. Mais attention aux rhums aromatisés, qui peuvent en contenir. Pareillement, certaines marques de cidre ajoutent des enzymes et des arômes d'orge afin d'améliorer le goût de la boisson. Pour en savoir plus, consultez le site www.munchyy.com (en anglais).
- Dans le cas de la vodka, la distillation enlève la protéine de gluten, mais les personnes cœliaques peuvent toutefois ressentir des nausées et être malades. Optez dans ce cas pour des vodkas à base de maïs, pomme de terre, quinoa...
- Le cas du whisky est particulier : il est fait à partir de gluten, et plus spécifiquement de malt. Mais la distillation abaisse son taux à 20 ppm. Il est donc théoriquement autorisé dans le cadre

d'un régime sans gluten. Attention, toutefois : chaque personne intolérante réagit différemment à la consommation de whisky. C'est donc à vos risques et périls !

✗ *Les aliments à bannir*

> Les bières : elles contiennent du gluten (mais, bonne nouvelle, il en existe maintenant de très bonnes « sans gluten »).
> Les boissons type IceTea©.
> Les boissons sportives.
> Les boissons en poudre.

Le gluten est partout... même dans votre shampoing ou votre rouge à lèvres !

Les ingrédients contenus dans les cosmétiques doivent être indiqués en respectant la nomenclature internationale d'ingrédients cosmétiques (INCI). Celle-ci est appliquée dans de nombreux pays, notamment l'Union européenne, les États-Unis, le Canada et le Japon. Quelle que soit l'origine de votre produit cosmétique, vous pourrez donc y repérer facilement la présence de gluten. Pour cela, il suffit d'apprendre les noms latins et anglais des céréales en contenant. Dans le tableau ci-dessous, voici les termes à surveiller sur les étiquettes, ainsi que des exemples d'ingrédients sur lesquels vous pouvez tomber.
Source : www.celiac.ca.

CÉRÉALES	TERMES À SURVEILLER	EXEMPLES D'INGRÉDIENTS
Blé	Wheat Triticum	Hydrolyzed wheat gluten, hydrolyzed wheat protein, hydrolyzed wheat starch, Sodium lauroyl wheat amino acids, Triticum vulgare bran, Triticum vulgare germ oil/flour/extract, Triticum vulgare gluten/protein, wheat amino acids, wheat germ acid, wheat germ glycerides...

→

Avoine	Avena Oats	Avena sativa flour, Avena sativa protein, Avena sativa starch, colloidal oatmeal, Sodium stearoyl oat protein...
Orge	Hordeum Barley	Barley extract, barley seed flour, Hordeum distichon extract, Hordeum vulgare, Hordeum vulgare flour, Hordeum vulgare juice, Hordeum vulgare root extract, Hordeum vulgare wax...
Seigle	Secale	Secale cereale extract, secale cereale flour...
Céréales variées	Gliadin Grain	Gliadin, Spent grain flour...

LES RÈGLES D'OR DE LA CUISINE SANS GLUTEN

CHOISIR LE BON MATÉRIEL

Pour cuisiner sans gluten, il n'y a pas besoin d'équipement ou de matériel spécifique ou haut de gamme. Mais quelques ustensiles tout simples peuvent vous faciliter la vie au quotidien et vous assurer la réussite de vos recettes.

Une petite balance de cuisine

Les farines sans gluten ayant des poids très différents (grains lourds, grains moyens, fécule... – voir p. 50), il est **indispensable de les peser**. Pour avoir la juste dose, on évitera donc d'employer le verre mesureur !

Un petit fouet

Dans une recette sans gluten, on associe généralement plusieurs types de farines afin d'améliorer les qualités nutritives du mélange, mais aussi pour lui garantir une bonne levée ou une bonne texture. Il est souvent impératif, également, d'ajouter des gommes et des poudres à lever. Or, ces ingrédients ayant des poids différents, ils ne se mélangent pas forcément très bien : les plus lourds restent au fond du récipient tandis que les plus légers demeurent en surface. Ce qui peut compromettre la suite de la recette. Pour obtenir un mélange homogène, il faut donc prendre le temps de **bien les mélanger** avant incorporation du reste des ingrédients. Un petit fouet à vinaigrette (ou une simple fourchette) permet de réaliser cette opération.

Un thermomètre « basique »

Lors de la préparation des pains sans gluten, il permet de **contrôler la bonne température de l'eau** pour réactiver une levure boulangère ou un levain sans gluten. Celle-ci doit être autour de 43 °C. Si l'eau est trop froide, le levain ne lèvera pas. Si elle est trop chaude, elle tuera le levain… qui forcément ne lèvera pas non plus !

L'ASTUCE EN +

Inutile d'acheter un coûteux thermomètre de cuisine. Un simple thermomètre de bébé fera l'affaire. Pensez bien sûr à le réserver à cet usage !

Un thermomètre à four

Si vous avez des problèmes pour obtenir un pain sans gluten bien levé, c'est un accessoire bien utile. Nombreux sont les fours (même de grandes marques) qui n'atteignent pas la température annoncée sur le bouton du thermostat ! Or, **la cuisine sans gluten est particulièrement sensible aux**

variations de température. Dans le doute, rien de mieux que d'acheter un petit thermomètre à four, à placer à l'intérieur de celui-ci.

Un thermomètre à viande

Ce petit thermomètre (que l'on plante d'ordinaire dans le rôti pour contrôler sa cuisson) est idéal pour **vérifier la température intérieure d'un pain** sans gluten maison. Le pain est bien cuit lorsque son centre atteint environ 90 à 100 °C.

Des petites cuillères à mesure

Les petites cuillères à mesure permettent de **doser précisément certains ingrédients secs** comme les poudres à lever, les gommes et les levures boulangères. Une erreur de dosage dans ces ingrédients et votre recette risque d'être ratée !

L'ASTUCE EN +

Elles se révèlent également utiles pour mesurer certains liquides que l'on doit ajouter à la préparation en toute petite quantité, comme le vinaigre, le jus de citron, l'extrait de vanille...

Un verre gradué

Il permet de doser facilement les ingrédients **liquides** : huile, lait, eau...

Un chinois, un tamis ou une passette

Indispensable pour tamiser certains ingrédients secs comme les fécules, la poudre de lait, etc., et ainsi assurer un **mélange homogène** des ingrédients.

Un petit pinceau plat

Il est utile lors de la fabrication de biscuits si vous utilisez un emporte-pièce : la pâte sans gluten étant collante, il est indispensable de fariner les emporte-pièces (avec de la farine de riz) pour pouvoir découper facilement les biscuits à la forme voulue. Le pinceau plat vous servira pour **ôter le surplus de farine de riz** autour des biscuits découpés.

Un robot

Utilisé pour les pains et les gâteaux, il permet de **bien mélanger les ingrédients**. Il permet aussi de réaliser facilement certaines opérations, par exemple quand il faut rendre le beurre très crémeux.

Il faut toujours bien faire attention aux différents accessoires utilisés. Lame de pétrissage, lame acier, fouet, fouet crochet... chacun correspond à une recette précise et, bien souvent, ils ne sont pas interchangeables. Mais il est tout à fait possible d'adapter ses recettes à son matériel. Il n'est pas nécessaire d'avoir le tout dernier robot ménager pour réaliser de la délicieuse cuisine sans gluten ! On peut également cuisiner sans gluten sans robot, mais simplement avec un batteur à main et de l'huile de coude !

Du papier sulfurisé et du film alimentaire

La pâte sans gluten est très collante et friable. Elle se casse facilement et n'est donc pas toujours très facile à étaler. Mais il existe des astuces pour vous simplifier la tâche : placez votre boule de pâte sur une feuille de papier sulfurisé (ou papier cuisson) farinée, puis disposez au-dessus une feuille de film alimentaire (autrement appelé film étirable ou film fraîcheur) avant de l'étaler : **cela évitera qu'elle ne colle au rouleau et qu'elle ne casse durant le transport jusqu'au moule**. Une fois la pâte étalée, vous pouvez l'enrouler autour de votre rouleau (côté film) puis la déposer dans le moule. Ensuite, vous n'aurez plus qu'à décoller le film alimentaire. Si la pâte se déchire un peu lorsque vous la placez dans le moule, pas de soucis, elle se recolle très facilement – c'est au moins l'avantage d'une pâte sans gluten !

Des petits moules en papier

Ils sont utiles pour la préparation des muffins, cupcakes… Car la pâte sans gluten étant fragile, cela permet de conserver intacts vos petits gâteaux.

BIEN UTILISER LES FARINES

Le plus difficile quand on commence à cuisiner sans gluten, c'est d'apprivoiser les spécificités de chacune des farines sans gluten. Au lieu d'une seule et unique farine (de blé), vous avez maintenant à votre disposition un éventail de farines très différentes : certaines sont plus lourdes que d'autres, certains lèvent moins bien que d'autres, certaines ont un goût plus prononcé que d'autres…

> La première règle d'or à retenir est que, pour qu'une pâte sans gluten se tienne, il faut **impérativement mélanger plusieurs farines**. L'association de différentes farines aide la pâte à mieux lever, donne un meilleur goût, apporte une texture tendre et légère. Sans compter que cela permet d'améliorer les qualités nutritives de la recette.

> Retenez également qu'il existe **3 grandes catégories de farines sans gluten/fécules** :

- **Les légères :** farine de riz blanc, arrow-root, fécules…
- **Les classiques/moyennes :** farine de riz complet, farine de sorgho…
- **Les grains lourds :** farine de sarrasin, millet, maïs, pois chiches, lentilles, poudre d'amandes, poudre de noisettes…

À NOTER

La farine de coco est particulière : voir p. 43.

> Cette différence de poids entre les farines implique plusieurs choses :

- Il faut **toujours peser les farines à l'aide d'une balance**. Ne les mesurez pas avec un verre doseur.

- Veillez à toujours **bien mélanger les farines entre elles** à l'aide d'un petit fouet (voir p. 72) afin que les farines les plus lourdes ne restent pas dans le fond et les farines les plus légères en surface. Cela permet aussi de bien écraser les grumeaux que pourraient former la fécule, la poudre à lever, le bicarbonate, la poudre de lait (dans ce cas, le tamis ou une simple passoire fine se révèlent eux aussi indispensables).

> La texture d'une pâte sans gluten est très différente d'une pâte à base de farine de blé. Elle est tout d'abord moins souple. D'où l'intérêt de l'**ajout de la fécule et de la gomme pour obtenir une pâte plus élastique et plus collante** (voir p. 51).

> Certains ingrédients, comme la poudre d'amandes (voir p. 49), la farine de coco (voir p. 43) ou les graines de lin broyées (voir p. 56), sont particulièrement intéressants dans la cuisine sans gluten, car ils permettent d'**améliorer la texture de la pâte**.

> Si vous souhaitez adapter une recette avec gluten en recette sans gluten, sachez que **130 g de farine de blé équivalent à environ 140 g de mélange de farines sans gluten**. Faites toujours une conversion en poids, et non en volume.

Farines : les associations qui fonctionnent bien

Voici quelques idées d'associations farines/fécules qui vous garantissent un bon résultat :

- **Pour une tarte sucrée :** farine de riz + poudre d'amandes + farine de millet.
- **Pour une tarte salée :** farine de riz + sarrasin + poudre d'amandes.
- **Pour un gâteau super-moelleux :** poudre d'amandes ou farine de coco en association avec une autre farine (riz, millet...).
- **Pour des biscuits ultra-croustillants :** farine de riz + farine de millet + poudre d'amandes + fécule de maïs.

À NOTER

Quand vous utilisez de la farine de riz, **ajoutez toujours environ la même dose de** fécule de maïs. Cela apportera du fondant à votre gâteau et évitera le côté sableux et granuleux. Il sera aussi beaucoup plus brillant en surface.

LES SPÉCIFICITÉS DE LA CUISINE SANS GLUTEN

La cuisine sans gluten est délicate. Lors de la préparation de vos pains et gâteaux sans gluten, il existe quelques règles d'or à respecter à la lettre pour garantir le résultat.

> Avant de commencer la préparation, veillez à ce que tous vos ingrédients soient **à température ambiante** (sauf indication contraire, comme le beurre glacé dans certaines recettes). Cela implique de sortir du réfrigérateur les œufs, le lait, le beurre... environ **30 minutes avant**.

> Si vous préparez un pain avec du levain, **respectez la température de l'eau**. Elle doit être **autour 43 °C**. Si elle est trop froide, le levain ne monte pas. Si elle est trop chaude, le levain meurt.

> Les gâteaux sans gluten devant refroidir hors du moule (voir ci-après), il est important de **bien préparer le moule pour faciliter le démoulage**. Dans le fond, placez une feuille de papier sulfurisé découpée à la forme et à la taille de votre moule, et « collez »-la avec un peu de beurre. Lors du démoulage, vous n'aurez plus qu'à ôter la feuille de papier sulfurisé.

L'ASTUCE EN +

Vous pouvez aussi chemiser votre moule avec du papier sulfurisé en laissant les bords dépasser du moule. Ainsi, lors du démoulage, vous n'aurez plus qu'à tirer sur les bords du papier pour enlever le gâteau. À défaut de papier sulfurisé, pour les petits moules (type moules à muffins) par exemple, vous pouvez les beurrer puis les fariner avec de la farine de riz, qui est la moins chère.

Laisser reposer la pâte : un secret de réussite !

Certaines préparations doivent reposer au réfrigérateur quelques heures avant cuisson. Cela permet aux ingrédients secs (farines), humides (eau, lait) et gras (beurre) de bien se mélanger, tant au niveau des saveurs que de la texture.
C'est notamment le cas des **cookies** : en laissant la pâte sans gluten reposer une heure, deux heures ou même toute la nuit au réfrigérateur, elle sera de meilleure qualité. Résultat : après cuisson, les cookies seront tendres au centre et croustillants sur les bords.
Vous pouvez également **préparer la pâte à muffins à l'avance**, par exemple la veille au soir, et la laisser reposer au frais toute la nuit. Vous pouvez même mettre la pâte directement dans le moule à muffins, puis l'entreposer au réfrigérateur. Le lendemain matin, il suffit de sortir le moule et de l'enfourner à 215 °C pendant 10 minutes. Baissez ensuite la température du four à 190 °C pour la suite de la cuisson.
Pour la pâte à pancakes, elle peut elle aussi se préparer la veille et passer la nuit au frais. Vos pancakes n'en seront que plus gonflés à la cuisson.

> Lors de la cuisson, **n'ouvrez pas la porte du four** sous peine de voir votre gâteau retomber. Si vous voulez surveiller la cuisson en cours, mieux vaut disposer d'un four équipé d'une lumière.
> Lorsque votre gâteau est cuit, **laissez-le refroidir tout doucement**.
> Au moment de sortir votre préparation du four, **évitez les courants d'air** (fenêtre ouverte), car la cuisine sans gluten est très sensible aux chauds et froids.
> La cuisine sans gluten n'est **pas une science précise**, en particulier pour la préparation des pains : la météo, un four différent, une altitude différente... toutes ces petites choses peuvent faire échouer la meilleure des recettes. Si votre pain n'est pas beau, pas de panique ! Récupérez les parties « mangeables » et transformez le reste en croûtons ou en panure (à faire dessécher au four)... Vous pouvez même les congeler dans des sachets sous vide.

L'ASTUCE EN +

Placez votre gâteau sur la porte du four ouverte (attention aux enfants !), légèrement surélevé. Ainsi, il ne refroidira pas brusquement au contact de l'air ambiant, mais bénéficiera encore, pendant quelques minutes, de la chaleur douce du four. Une fois tiédi, démoulez-le pour le laisser refroidir complètement – si vous le laissez dans le moule, le fond du gâteau va être détrempé.

Pain sans gluten : les 3 secrets du succès

- Mélangez d'abord les ingrédients secs entre eux (farines, levure, gomme…) à l'aide d'un petit fouet. Dans un autre récipient, mélangez les ingrédients humides ensemble. Puis réunissez les deux mélanges.
- N'oubliez pas de vérifier la température du levain.
- Pétrissez ensuite la pâte 5 minutes à la main ou au mixeur. Ce temps est important à respecter, surtout si vous avez ajouté de la gomme xanthane, afin de laisser le temps à cette dernière de faire son travail.

L'ASTUCE EN +

Apprenez à faire votre pain sans gluten à la machine à pain en scannant ce code ou en tapant le lien suivant dans la barre d'adresse de votre navigateur Internet : http://blog.editionsleduc.com/cuisine-sans-gluten.html.

PARTIE 2

Mes basiques sans gluten au quotidien

La plupart des recettes de cet ouvrage ont été réalisées à l'aide d'un bon vieux robot (et non avec un modèle super-moderne !) : la pâte sans gluten demande en effet d'être longuement mélangée. Mais vous pouvez bien sûr les préparer à la main… avec un peu d'huile de coude.

Nous vous donnons également quelques conseils de préparation si vous utilisez un mix de farines sans gluten (voir p. 51). Ceux-ci peuvent en effet se révéler très pratiques pour cuisiner au quotidien. Vous trouverez ces indications à la fin des recettes concernées.

ATTENTION !

Si vous êtes intolérant au gluten, vérifiez toujours que tous vos ingrédients de base (farines, fécules, poudre à lever, levure boulangère, gomme, sucre glace…) sont bien **certifiés sans gluten**. Pensez aussi à vérifier la composition des autres ingrédients (jambon blanc, décorations pour les cupcakes, mélanges d'épices, confitures…) – voir p. 59.

Dans la partie qui suit, nous vous proposons de bons basiques à cuisiner au quotidien tout au long de l'année : gâteaux, tartes, pains, petits déjeuners, goûters…

Vous retrouverez, à partir de la page 155, de nombreuses recettes salées et sucrées adaptées à chaque saison, ainsi que nos idées de menus pour toute l'année à partir de la page 243.

Tout cela sans gluten, ça va de soi !

LES PAINS

BAGUETTE

« Ces petites baguettes sans gluten n'ont rien à envier aux baguettes traditionnelles à base de farine de blé. La mie est tendre, et la croûte croustillante et bien dorée ! »

QUANTITÉ ET DURÉES

Pour 2 baguettes • Préparation : 20 min • Cuisson : 30 min.

INGRÉDIENTS

85 g de farine de riz demi-complet ; 50 g de poudre d'amandes ; 65 g de fécule de tapioca ; 1,5 c. à c. (cuillère à café) de poudre à lever ; ¾ de c. à c. de sel fin ; 125 ml de yaourt entier nature ; 2 blancs d'œufs.

MATÉRIEL SPÉCIFIQUE

Un moule pour deux baguettes.

RECETTE

1. Trente minutes avant la préparation des baguettes, sortez le yaourt et les œufs du réfrigérateur.
2. Préchauffez le four à 210 °C (thermostat 7). Tapissez le moule à baguettes d'une feuille de papier sulfurisé.
3. Dans un grand saladier, mélangez les ingrédients secs à l'aide d'un petit fouet à vinaigrette : farine, poudre d'amandes, fécule, poudre à lever et sel. Réservez.
4. Montez les blancs d'œufs en neige. Réservez.
5. Dans un petit saladier, mélangez le yaourt avec 50 ml d'eau à température ambiante. Versez dans les ingrédients secs et mélangez bien.
6. Ajoutez ensuite les blancs d'œufs battus (2 cuillères à soupe à la fois), en soulevant délicatement la pâte, toujours dans le même sens.
7. Versez la préparation dans le moule afin de former les deux baguettes. La pâte étant plutôt liquide, il faut la déposer à l'aide d'une cuillère à soupe en essayant de ne pas en mettre sur les bords du papier.
8. Enfournez et laissez cuire 25 minutes. Retournez les baguettes et laissez-les cuire encore 5 minutes. Laissez-les refroidir un peu avant de les déguster.

LES ASTUCES EN +

- Certains moules à baguette sont munis de petits trous dans le métal pour faciliter la cuisson. Si tel est le cas, il est indispensable de le chemiser pour éviter que la pâte, assez liquide, ne s'écoule. Si votre moule n'est pas troué, vous pouvez simplement le beurrer.
- Pour que la feuille de papier sulfurisé tienne bien dans le moule à baguettes lorsque vous versez la pâte, maintenez-la avec des pinces à linge (que vous n'oublierez pas de retirer avant d'enfourner vos baguettes !).
- Avant cuisson, vous pouvez saupoudrer vos baguettes d'une pincée de fleur de sel ou bien de graines de pavot ou de sésame. N'utilisez pas de grains plus lourds, car vos baguettes risqueraient alors de ne pas bien lever.
- Conservez les jaunes d'œufs restants pour préparer d'autres recettes (par exemple une crème pâtissière pour fourrer des éclairs, voir p. 134) ou bien pour faire dorer une pâte à tarte (voir la recette de la tarte aux fraises, p. 174). Si vous n'en avez pas besoin dans l'immédiat, congelez-les : battez-les avec une pincée de sel, puis placez-les au congélateur dans une boîte hermétique.
- Attention, ne confondez pas la fécule de tapioca (qui a une texture de talc, comme la Maïzena) et le tapioca en billes (qui est le plus courant dans les magasins).

PAIN À LA BIÈRE ET AU CUMIN

« Ce pain est délicieux avec du fromage ou bien pour accompagner un apéritif. Choisissez une bière sans gluten de qualité, qui va apporter au pain sa saveur si particulière... »

QUANTITÉ ET DURÉES

Pour 1 pain de 350 g environ • Préparation : 25 min • Cuisson : 45 min.

INGRÉDIENTS

85 g de farine de quinoa ; 90 g de farine de riz demi-complet ; 85 g de farine de millet ; 90 g de fécule de maïs ; 1 c. à c. bombée de gomme xanthane ; ½ c. à c. de bicarbonate de sodium ; 1,5 c. à c. de sel fin ; 1 c. à c. de poudre à lever ; 5 c. à s. (cuillères à soupe) de lait en poudre ; 3 c. à s. de sucre de canne blond ; 2 c. à c. de vinaigre de cidre ; 75 g de beurre doux (+ 1 noix pour le moule) ; 2 blancs d'œufs ; 180 ml de bière sans gluten ; 4 c. à s. de graines de cumin.

MATÉRIEL SPÉCIFIQUE

Un moule à pain rectangulaire (23 x 12,5 cm) ou un moule à cake.

RECETTE

① Préchauffez le four à 180 °C (thermostat 6).
② Dans un grand bol, mélangez les ingrédients secs à l'aide d'un petit fouet à vinaigrette : farines, fécule, gomme xanthane, bicarbonate, sel, poudre à lever, lait en poudre et sucre. Versez le mélange dans le bol du robot.
③ Battez à vitesse moyenne en ajoutant le vinaigre de cidre, les blancs d'œufs, 60 g de beurre coupé en petits morceaux et la bière. Ajoutez les graines de cumin (quantité à ajuster en fonction de vos goûts). La pâte devient épaisse et très collante.
④ Versez la pâte dans le moule à pain préalablement beurré. Lissez le dessus avec une spatule en silicone mouillée. Recouvrez le moule avec une feuille de papier sulfurisé, puis enveloppez le tout avec du papier aluminium, en laissant un peu de place pour que le pain gonfle.
⑤ Enfournez le pain et laissez-le cuire 25 minutes.

⑥ Sortez le pain du four, retirez l'aluminium et le papier sulfurisé : le pain a commencé à lever. À l'aide d'une lame fine, découpez une fine tranchée dans la longueur du pain, d'environ 1 cm de profondeur. Déposez sur le dessus le beurre restant coupé en petits morceaux.
⑦ Faites cuire 20 minutes de mieux jusqu'à obtenir une belle couleur dorée. Une pique en bois insérée au centre du pain doit ressortir sèche : c'est le signe que le pain est cuit.
⑧ Laissez-le refroidir 15 minutes dans le moule, puis démoulez-le. Laissez-le ensuite complètement refroidir sur une grille avant de le trancher.

LES ASTUCES EN +

- Lisser la pâte avec une spatule en silicone mouillée permet d'obtenir une belle croûte. Veillez à bien humidifier la spatule, car la pâte sans gluten est très élastique et collante.
- Ne jetez pas les jaunes d'œufs restants ! Rendez-vous page 85 pour savoir comment les utiliser.

AVEC UN MIX...

Conservez la farine de quinoa, pour donner du goût et de la texture à votre pain. Il faut alors 265 g de mix pain (voir p. 51) et 85 g de farine de quinoa. N'oubliez pas de vérifier si votre mix de farines sans gluten contient déjà de la gomme (xanthane ou de guar) et/ou de la poudre à lever.

PAIN À LA FARINE DE CHÂTAIGNE

« Riche en qualités nutritives, la farine de châtaigne apporte une saveur douce et sucrée à ce pain parfait pour le petit déjeuner. »

QUANTITÉ ET DURÉES

Pour 1 pain de 800 g environ • Préparation : 30 min • Attente : 45 min • Cuisson : 50 min.

INGRÉDIENTS

120 g de farine de riz demi-complet ; 100 g de farine de châtaigne ; 60 g de farine de millet ; 120 g de fécule de pomme de terre (ou de maïs) ; 2 c. à c. de gomme xanthane ; 2 c. à c. de sel fin ; 12 g de levure boulangère ; 2 c. à s. de sucre de canne blond en poudre ; 350 ml de lait demi-écrémé ; 55 g de beurre doux (+ 1 noix pour le moule) ; 1 c. à c. de vinaigre de cidre ; 2 œufs ; 1 c. à c. d'huile végétale (pour le film alimentaire).

MATÉRIEL SPÉCIFIQUE

Un moule à pain (23 x 12,5 cm) ou un moule à cake.

RECETTE

① Faites fondre le beurre à feu doux. Réservez-le afin qu'il refroidisse.
② Dans un saladier, mélangez les ingrédients secs à l'aide d'un petit fouet à vinaigrette : farines, fécule, gomme xanthane, sel, levure boulangère et sucre en poudre. Versez dans le bol du robot.
③ Faites tiédir le lait, à environ 41 °C.
④ Battez les ingrédients secs à vitesse lente en ajoutant progressivement le lait tiède, le beurre fondu, le vinaigre et les œufs. Une fois les ingrédients bien incorporés, augmentez la vitesse du robot et battez 5 minutes à vitesse forte. Au bout d'une minute, n'hésitez pas à stopper le batteur, le temps de bien racler les bords du bol avec une spatule, puis remettez-le en marche.
⑤ Déposez la pâte à pain dans le moule à pain beurré. Lissez le dessus avec une spatule en silicone mouillée : cela permettra d'obtenir une belle croûte lisse. Recouvrez la pâte avec du film alimentaire légèrement

huilé (sur la face intérieure) et fermez bien hermétiquement autour du moule. Laissez lever le pain dans un endroit chaud durant 45 minutes.

⑥ 15 minutes avant la fin de la levée, préchauffez le four à 180 °C (thermostat 6). Une fois qu'il est chaud, enfournez le pain et laissez-le cuire pendant 50 minutes.

⑦ Laissez ensuite reposer le pain 10 minutes dans son moule, four éteint, sur la porte du four ouverte. Démoulez et laissez-le complètement refroidir avant de le trancher.

L'ASTUCE EN +

➲ Il est important de respecter les 5 minutes de pétrissage au mixeur à vitesse forte : cela permet à la gomme xanthane de faire son travail. Ainsi, vous obtiendrez un pain à la texture idéale.

AVEC UN MIX...

Gardez évidemment la farine de châtaigne pour donner du goût au pain. Il vous faut 100 g de farine de châtaigne + 300 g de mix pain sans gluten. Vérifiez aussi si votre mix contient déjà de la gomme (xanthane ou de guar). En revanche, il ne doit pas contenir de poudre à lever, car la recette n'en demande pas.

PAIN AU SARRASIN

« La farine de sarrasin apporte un délicieux goût rustique de pain de campagne. J'alterne cette recette avec mon pain du quotidien comme pain de "tous les jours". »

QUANTITÉ ET DURÉES

Pour 1 pain de 800 g environ • Préparation : 20 min • Attente : 1 heure • Cuisson : 50 min.

INGRÉDIENTS

110 g de farine de sarrasin ; 120 g de farine de riz demi-complet ;
120 g de fécule de pomme de terre (ou de maïs) ; 50 g de poudre d'amandes ;
2 c. à c. de gomme xanthane ; 2 c. à c. de sel fin ; 12 g de levure boulangère ;
2 c. à s. de sucre de canne blond en poudre ; 350 ml de lait demi-écrémé ;
50 g de beurre doux ; 1 c. à c. de vinaigre de cidre (ou de jus de citron) ;
2 œufs ; 1 c. à c. d'huile végétale (pour le film alimentaire).

MATÉRIEL SPÉCIFIQUE

Un moule à pain (23 x 12,5 cm) ou un moule à cake.

RECETTE

① Faites fondre le beurre à feu doux. Dans une autre casserole, faites tiédir le lait (41 °C environ). Réservez le tout.
② Dans un saladier, mélangez les ingrédients secs à l'aide d'un petit fouet à vinaigrette : farines, fécule, poudre d'amandes, gomme xanthane, sel, levure boulangère et sucre. Versez le tout dans le bol du robot.
③ Ajoutez le lait tiède, le beurre fondu, le vinaigre et les œufs. Mélangez à vitesse lente. Une fois les ingrédients bien incorporés, mélangez 5 minutes à vitesse forte.
④ Déposez la pâte dans le moule à pain. Lissez le dessus avec une spatule en silicone mouillée pour obtenir une belle croûte lisse. Recouvrez le moule de film alimentaire légèrement huilé et fermez hermétiquement autour du moule. Laissez lever le pain dans un endroit chaud durant 1 heure.
⑤ 15 minutes avant la fin de la levée, préchauffez le four à 180 °C (thermostat 6), puis enfournez et laissez cuire le pain pendant 50 minutes. Laissez-le ensuite reposer 5 minutes dans son moule sur la porte du four

ouverte (four éteint), puis 10 minutes sur le plan de travail. Démoulez-le et laissez-le complètement refroidir avant de le trancher.

L'ASTUCE EN +

➔ Vous pouvez ajouter quelques cerneaux de noix à la pâte pour obtenir un délicieux pain aux noix !

AVEC UN MIX…

Conservez la farine de sarrasin et la poudre d'amandes pour le goût. Comptez 110 g de farine de sarrasin + 50 g de poudre d'amandes + 240 g de mix pain sans gluten. Vérifiez si le mix contient déjà de la gomme (xanthane ou de guar). Attention, il ne doit pas contenir, en revanche, de poudre à lever !

PAIN DU QUOTIDIEN

« Comme son nom l'indique, c'est le pain que je consomme tous les jours… ou presque. Il est parfait pour accompagner le fromage ou bien au petit déjeuner, agrémenté de confiture. »

QUANTITÉ ET DURÉES

Pour 1 pain de 500 g environ • Préparation : 20 min • Attente : 1 h 30 • Cuisson : 50 min.

INGRÉDIENTS

125 g de farine de riz demi-complet ; 60 g de farine de quinoa ; 75 g de farine de millet ; 85 g de fécule de maïs ou de pomme de terre ; 14 g de levain de

quinoa ; 2,5 c. à c. de gomme xanthane ; 3 œufs ; 2 c. à s. de sirop d'agave ; 2 c. à s. d'huile de colza (+ 1 c. à s. pour le moule et le film alimentaire) ; 2 c. à c. de sel fin.

MATÉRIEL SPÉCIFIQUE

Un moule à pain (23 x 12,5 cm) ou un moule à cake.

RECETTE

① Dans un bol, mélangez les ingrédients secs à l'aide d'un petit fouet à vinaigrette : farines, fécule, levain et gomme xanthane.
② Dans un autre bol, mélangez les ingrédients humides : œufs, sirop d'agave, huile et sel. Ajoutez 150 ml d'eau tiède (43 °C environ) et mélangez encore.
③ Versez le mélange des ingrédients secs dans le bol du robot. Ajoutez le mélange des ingrédients humides en faisant tourner le robot à vitesse moyenne/forte, pendant 5 minutes. La pâte devient épaisse et élastique.
④ Huilez le moule à pain et versez-y la pâte. Lissez le dessus avec une spatule en silicone mouillée. Couvrez le moule avec du film alimentaire huilé et fermez hermétiquement autour du moule. Laissez lever 1 h 30 dans une pièce chaude.
⑤ 15 minutes avant la fin de la levée, préchauffez le four à 210 °C (thermostat 7). Enfournez le pain et faites-le cuire durant 50 minutes environ. Laisse-le tiédir dans son moule pendant 10 minutes, puis démoulez-le et laissez-le complètement refroidir sur une grille.

LES ASTUCES EN +

➲ Dans cette recette, le levain de quinoa fonctionne mieux que la levure boulangère. Mais vous pouvez remplacer l'un par l'autre si besoin.
➲ Il est important de bien mélanger la pâte au robot pendant 5 minutes : c'est le temps nécessaire pour permettre à la gomme de faire son travail et au levain de s'activer.
➲ Dans cette recette, on utilise de l'huile pour graisser le moule à pain afin d'avoir une recette sans lactose. Vous pouvez bien sûr la remplacer par du beurre si vous n'êtes pas intolérant au lactose.

PAIN RUSTIQUE AUX GRAINES DE CUMIN

« Ce pain est facile et rapide à faire, car il n'y a pas besoin de le laisser lever. Il est aussi délicieux avec un plateau de fromages qu'avec du beurre et de la confiture. »

QUANTITÉ ET DURÉES

Pour 1 pain de 400 g environ • Préparation : 20 min • Cuisson : 30 min.

INGRÉDIENTS

75 g de farine de sarrasin ; 85 g de farine de riz demi-complet ; 25 g de poudre d'amandes ; 30 g de fécule de pomme de terre ; 1 c. à c. de gomme xanthane ; 1 c. à c. de poudre à lever ; 1 c. à c. de bicarbonate de sodium ; 1 c. à c. de sel fin ; 2 c. à c. de graines de cumin ; 125 ml de yaourt entier nature ; 2 œufs entiers + 1 blanc d'œuf ; 1 c. à c. de mélasse ; 1 c. à c. d'huile d'olive.

RECETTE

① Préchauffez le four à 210 °C (thermostat 7).
② Dans un saladier, mélangez les ingrédients secs à l'aide d'un petit fouet à vinaigrette : farines, poudre d'amandes, fécule, gomme xanthane, poudre à lever, bicarbonate, sel et graines de cumin (gardez-en une pincée).
③ Dans un bol, battez au fouet les ingrédients humides : yaourt, œufs entiers, mélasse et 50 ml d'eau à température ambiante. Versez cette préparation dans les ingrédients secs et mélangez avec une cuillère en bois.
④ Déposez la pâte sur la plaque du four recouverte de papier sulfurisé, en forme de rond (environ 18 cm de diamètre).
⑤ Huilez vos mains avec l'huile d'olive et lissez délicatement le dôme du pain (en ne l'écrasant pas trop).
⑥ Battez le blanc d'œuf à la fourchette et badigeonnez-en le pain. À l'aide d'un couteau, dessinez des croisillons sur le dessus. Saupoudrez avec la pincée de graines de cumin restante.
⑦ Enfournez et laissez cuire durant 30 minutes.

LES ASTUCES EN +

- Veillez à ne pas ouvrir la porte du four lors de la cuisson.
- Laissez votre pain complètement refroidir avant de le trancher.

PETITS PAINS AU FROMAGE

« Ces petits pains d'origine brésilienne *(pao de queijo)* sont naturellement sans gluten, car à base de fécule de tapioca. Vous pouvez les déguster comme des petits pains de table ou les garnir de crudités : tomate, laitue, jambon blanc sans gluten… Ils sont parfaits pour les sandwichs d'été ! »

QUANTITÉ ET DURÉES

Pour 10-12 petits pains • Préparation : 20 min • Attente : 10 min • Cuisson : 30 min.

INGRÉDIENTS

210 g de fécule de tapioca ; 100 g de parmesan râpé ; 50 g de cheddar blanc (ou gruyère) finement râpé ; 2 œufs ; 40 ml d'huile de colza ; 240 ml de lait demi-écrémé ; 1 c. à c. de sel fin.

RECETTE

① Préchauffez le four à 180 °C (thermostat 6). Recouvrez une plaque de cuisson d'une feuille de papier sulfurisé.

② Dans un grand bol, tamisez la fécule de tapioca. Dans une casserole, mélangez l'huile, le lait et le sel. Portez à ébullition, puis retirez du feu. Versez le liquide chaud dans la fécule et mélangez à l'aide d'une spatule en silicone. La pâte est alors épaisse et collante. Laissez reposer 10 minutes à température ambiante, le bol recouvert d'une serviette humide.

③ Dans un autre bol, mélangez les œufs et le fromage. Versez dans la préparation précédente et mélangez : la pâte devient collante et huileuse.

④ Mouillez vos mains et formez des petits pains d'environ 7 cm de diamètre. Déposez-les sur la plaque de cuisson.
⑤ Enfournez et laissez cuire 25 à 30 minutes environ selon votre four, jusqu'à ce que les petits pains soient gonflés et d'une belle couleur dorée.

LES ASTUCES EN +

➲ Attention, ne confondez pas la fécule de tapioca (qui a une texture de talc, comme la Maïzena) et le tapioca en billes (qui est le plus courant dans les magasins).
➲ Attention, ne confondez pas la fécule de tapioca avec le tapioca en petites billes (ou perles du Japon) que l'on trouve généralement dans les supermarchés. La fécule de tapioca est une poudre blanche, comme la fécule de pomme de terre ou de maïs.
➲ Ces petits pains étant déjà bien riches en matières grasses (fromage et huile), il est inutile de les beurrer avant de les déguster, même si vous les utilisez pour préparer des sandwichs.

PETITS PAINS INDIVIDUELS

« Ces petits pains de table, faciles à préparer, sont parfaits pour accompagner les repas, mais aussi pour les petits déjeuners. Leur mie est tendre, et leur croûte légèrement dorée. »

QUANTITÉ ET DURÉES

Pour 12 petits pains • Préparation : 30 min • Attente : 50 min • Cuisson : 25 min.

INGRÉDIENTS

130 g de farine de riz demi-complet (+ 2 c. à s. pour les moules) ; 100 g de farine de millet ; 20 g de farine de coco ; 190 g de fécule de pomme de terre ;

25 g de poudre d'amandes ; 1 c. à c. de gomme xanthane ; 1 c. à c. de sel fin ; 7 g de levure boulangère ; 2 c. à s. de sucre de canne blond en poudre ; 70 ml d'huile d'olive ; 2 œufs ; ½ c. à c. de vinaigre de riz (ou de jus de citron) ; 1 grosse noix de beurre (pour les moules).

MATÉRIEL SPÉCIFIQUE

Une plaque de 12 moules à muffins.

RECETTE

① Préchauffez le four à 180 °C (thermostat 6). Beurrez et farinez généreusement les moules.

② Dans un grand bol, mélangez les ingrédients secs à l'aide d'un petit fouet à vinaigrette : farines, fécule, poudre d'amandes, gomme xanthane et sel.

③ Dans un autre bol, mélangez la levure boulangère avec le sucre et 350 ml d'eau tiède à 43 °C. Laissez le levain se développer pendant 5 minutes (l'eau doit devenir trouble).

④ Dans un troisième bol, mélangez les ingrédients humides : les œufs, l'huile d'olive et le vinaigre.

⑤ Dans le grand bol des ingrédients secs, faites un puits au centre. Tout en mélangeant avec un batteur à main, versez le levain, puis le mélange des ingrédients humides. Continuez de battre pendant 4 minutes. La pâte doit être assez épaisse.

⑥ Versez la pâte dans les moules à muffins. Éteignez le four et enfournez la plaque de moules. Laissez reposer 50 minutes pour que la pâte lève. Une fois que les petits pains ont bien levé, rallumez le four à 180 °C et faites-les cuire durant 25 minutes.

⑦ Une fois les petits pains cuits, laissez-les reposer 5 minutes sur la porte du four ouverte. Puis démoulez-les et faites-les refroidir sur une grille.

LES ASTUCES EN +

➲ Ne faites pas cuire ces petits pains plus longtemps. Ainsi, vous pourrez les faire réchauffer au four quelques minutes pour les manger tièdes.

➲ En revanche, si votre four est long à réchauffer, augmentez le temps de cuisson final de quelques minutes.

LE PETIT DÉJEUNER

COOKIES DU PETIT DÉJEUNER

« Ces cookies sont remplis de bons ingrédients : flocons d'avoine (sans gluten), raisins secs, pépites de chocolat... Parfait pour bien démarrer la journée. Une excellente alternative aux barres de céréales du commerce ! »

QUANTITÉ ET DURÉES

Pour 18 à 20 cookies • Préparation : 20 min • Attente : 1 heure • Cuisson : 15 min.

INGRÉDIENTS

100 g de flocons d'avoine (certifiés sans gluten) ; 50 ml de lait d'amande (ou de vache demi-écrémé, soja...) ; 120 g de farine de sarrasin ; 75 g de farine de riz demi-complet ; 40 g de fécule de pomme de terre (ou fécule de maïs) ; 1 c. à c. de bicarbonate de sodium ; 1 c. à c. de poudre à lever ; 1 c. à c. de sel fin ; 1 c. à c. de cannelle en poudre ; 225 g de sucre brun en poudre ; 2 œufs ; 150 ml d'huile végétale (colza ou pépins de raisin) ; 2 c. à s. de sirop de mélasse ou de miel ; 2 c. à c. d'extrait de vanille liquide ; 95 g de pépites de chocolat noir ; 85 g de raisins secs.

RECETTE

① Dans un bol, versez les flocons d'avoine et arrosez-les avec le lait. Mélangez et réservez 15 à 20 minutes.

② Dans un saladier, mélangez les ingrédients secs à l'aide d'un petit fouet à vinaigrette : farines, fécule, bicarbonate, poudre à lever, sel, cannelle et sucre. Versez le mélange dans le bol du mixeur. Ajoutez les œufs l'un après l'autre en s'assurant qu'ils sont bien incorporés.

③ Dans un autre bol, mélangez les ingrédients humides : huile, sirop de mélasse ou miel, et extrait de vanille. Ajoutez-les dans la préparation précédente et mélangez légèrement. Puis versez les pépites de chocolat et les raisins secs, et mélangez à nouveau.

④ Ajoutez les flocons d'avoine humidifiés et mélangez à l'aide d'une spatule en silicone. La pâte forme alors une grosse boule épaisse. Réservez cette pâte au réfrigérateur pendant au moins 1 heure.

⑤ 15 minutes avant la fin du temps de pose de la pâte, préchauffez le four à 180 °C (thermostat 6). Recouvrez deux plaques de cuisson de papier sulfurisé.

⑥ À l'aide d'une cuillère à soupe, prélevez un peu de pâte à cookies, puis formez une boule entre les paumes. Déposez-la sur le papier sulfurisé et aplatissez-la légèrement (attention de ne pas trop l'aplatir, sinon le cookie va ressembler à une crêpe !). Renouvelez l'opération jusqu'à épuisement de la pâte.

⑦ Enfournez les cookies et laissez-les cuire environ 15 minutes (ce temps peut varier selon la taille de vos cookies et votre four).

⑧ Une fois que vos cookies sont cuits, laissez-les refroidir 5 minutes sur le papier sulfurisé (mais en enlevant la plaque chaude en dessous pour éviter qu'ils ne continuent à cuire). Déposez-les ensuite sur une grille afin qu'ils refroidissent complètement.

L'ASTUCE EN +

➔ Cette pâte à cookies se congèle très bien. Pensez-y si vous ne voulez pas cuire tous les cookies d'un coup.

MUFFINS AUX FLOCONS D'AVOINE

« Ces muffins au délicieux goût d'avoine sont parfaits pour faire le plein d'énergie au petit déjeuner. »

QUANTITÉ ET DURÉES

Pour 12 muffins • Préparation : 25 min • Cuisson : 20 min.

INGRÉDIENTS

100 g de flocons d'avoine ; 30 g de farine de millet ; 25 g de farine de riz demi-complet ; 45 g de fécule de pomme de terre (ou fécule de maïs) ; 30 g de poudre d'amandes ; ½ c. à c. de gomme xanthane ; ¼ de c. à c. de sel fin ; ½ c. à c. de bicarbonate de sodium ; 2 c. à c. de poudre à lever ; 1,5 c. à c. de cannelle en poudre ; 120 g de sucre de canne blond en poudre ; 60 g de beurre doux, à température ambiante ; 2 œufs ; 2 c. à c. d'extrait de vanille liquide ; 2 c. à s. de sirop d'agave ; 250 ml de lait d'amande ; 30 g de sucre brun.

MATÉRIEL SPÉCIFIQUE

Une plaque de 12 moules à muffins ; 12 caissettes en papier.

RECETTE

① Versez 80 g de flocons d'avoine dans un bol. Ajoutez-y le lait d'amande et laissez gonfler 20 minutes. Réservez.
② Mélangez le reste des flocons d'avoine avec 10 g de beurre, le sucre brun et ½ c. à c. de cannelle. Mélangez avec les doigts pour réaliser une sorte de crumble. Préchauffez le four à 180 °C (thermostat 6). Déposez les caissettes en papier dans les cavités du moule à muffins.
③ Dans un saladier, mélangez les ingrédients secs à l'aide d'un petit fouet à vinaigrette : farines, fécule, poudre d'amandes, gomme xanthane, sel, bicarbonate, poudre à lever et le reste de la cannelle.
④ Mélangez au robot 50 g de beurre et le sucre de canne jusqu'à obtenir une texture crémeuse. Ajoutez la vanille, le sirop d'agave, les œufs légèrement battus à la fourchette et les flocons d'avoine humidifiés. Mélangez doucement. Versez cette préparation dans les ingrédients secs et mélangez à nouveau. Versez la pâte dans les moules. Saupoudrez chaque muffin d'un peu de pâte à crumble.
⑤ Enfournez pour 20 minutes. À la sortie du four, laissez les muffins 10 minutes dans leurs moules, puis démoulez-les et laissez-les refroidir sur une grille.

LES ASTUCES EN +

- Si vous êtes intolérant, optez pour des flocons d'avoine certifiés sans gluten.
- Pour une version sans lactose, remplacez le beurre par de la margarine.

PANCAKES À LA COMPOTE DE POMME

« La pomme apporte à ces pancakes une fraîcheur délicieuse. Et la farine de coco leur permet de rester moelleux plusieurs jours... s'ils ne sont pas tous dévorés en un seul repas ! »

QUANTITÉ ET DURÉES

Pour 14 pancakes • Préparation : 15 min • Cuisson : 3 min par pancake.

INGRÉDIENTS

80 g de farine de riz demi-complet ; 30 g de farine de coco ; 30 g de farine de quinoa ; 40 g de fécule de pomme de terre ; 2 c. à c. de poudre à lever ; ½ c. à c. de gomme xanthane ; ½ c. à c. de cannelle en poudre ; ¼ de c. à c. de noix de muscade en poudre ; 1 pincée de sel fin ; 100 ml de compote de pomme ; 2 c. à s. d'huile végétale (+ 1 c. à s. pour la poêle) ; 60 ml de sirop d'agave ; 1 œuf ; 250 ml de lait demi-écrémé (ou lait de soja, riz, coco ou d'amande) ; 1 pomme.

MATÉRIEL SPÉCIFIQUE

Une poêle à blinis ou à crêpes.

RECETTE

① Tamisez la farine de coco.
② Dans un grand bol, mélangez les ingrédients secs à l'aide d'un petit fouet à vinaigrette : farines (y compris celle de coco), fécule, poudre à lever, gomme xanthane, cannelle, muscade, sel.
③ Dans un autre bol, mélangez au fouet les ingrédients humides : œuf, huile, sirop d'agave, compote de pomme et lait.
④ Versez les ingrédients humides dans le bol des ingrédients secs et mélangez au fouet. La pâte devient un peu épaisse.
⑤ Pelez et épépinez la pomme. Détaillez-la en petits dés.
⑥ Faites chauffer une poêle à blinis ou une poêle à crêpes, légèrement huilée à l'aide d'un papier absorbant. Lorsqu'une goutte d'eau jetée dedans grésille, la poêle est prête. Déposez une louche de pâte dans la poêle, étalez-la et disposez dessus quelques dés de pomme. Après

2 minutes de cuisson environ, des bulles apparaissent sur le dessus de la pâte : il est temps de retourner le pancake. Laissez-le cuire 1 minute sur l'autre face. Renouvelez l'opération pour les autres pancakes jusqu'à épuisement de la pâte. Servez immédiatement, avec du sirop d'érable par exemple.

LES ASTUCES EN +

➔ Le tamisage de la farine de coco permet de mieux la mélanger aux autres farines.
➔ La farine de coco absorbe beaucoup de liquide. Si la pâte est trop épaisse, ajoutez simplement un peu d'eau, une cuillère à soupe à la fois, jusqu'à obtenir la bonne consistance.

AVEC UN MIX...

Conservez la farine de coco et comptez 150 g de mix pâtisserie sans gluten + 30 g de farine de coco. N'oubliez pas de vérifier si votre mix contient déjà de la gomme (xanthane ou de guar) et/ou de la poudre à lever.

PANCAKES EXPRESS

« C'est certainement l'une de mes recettes sans gluten les plus rapides à préparer pour le petit déjeuner (ou bien pour un goûter improvisé). Vous pouvez varier les accompagnements à souhait ! »

QUANTITÉ ET DURÉES

Pour environ 14 pancakes • Préparation : 10 min • Cuisson : 3 min par pancake.

INGRÉDIENTS

90 g de farine de riz demi-complet ; 1 c. à c. de sucre de canne blond en poudre ; 1 pincée de sel fin ; ½ c. à c. de bicarbonate de sodium ; 1 œuf ; 1 c. à s. d'huile de colza ; 125 g de yaourt entier nature ; 1 c. à s. d'huile de pépins de raisin.

MATÉRIEL SPÉCIFIQUE

Une poêle à blinis ou à crêpes.

RECETTE

① Dans un grand bol, mélangez les ingrédients secs à l'aide d'un petit fouet à vinaigrette : farine, sucre, sel et bicarbonate.

② Dans un bol moyen, mélangez les ingrédients humides : œuf, huile de colza et yaourt. Ajoutez les ingrédients humides dans le mélange des ingrédients secs et remuez à l'aide d'une spatule en silicone. La pâte devient épaisse.

③ Faites chauffer une petite poêle à blinis, à feu doux. Huilez légèrement la poêle avec l'huile de pépins de raisin à l'aide d'un papier absorbant.

④ Versez une grosse cuillère à soupe de pâte dans la poêle. Aplatissez légèrement la pâte avec le dos de la cuillère. Faites cuire jusqu'à ce que le pancake soit bien doré, en le retournant à mi-cuisson (comptez environ 3 minutes au total). Renouvelez l'opération jusqu'à épuisement de la pâte. Servez sans attendre avec l'accompagnement de votre choix : sirop d'érable, sucre glace, confiture, fruits de saison…

L'ASTUCE EN +

➔ Pour gagner du temps, vous pouvez préparer cette recette la veille. Conservez la pâte au réfrigérateur toute la nuit, puis faites cuire vos pancakes le lendemain matin.

PETITES BRIOCHES AU LAIT

« Ces petites brioches sont délicieuses tièdes, agrémentées d'un peu de beurre et de confiture. Mon fils, lui, les aime avec une barre de chocolat pour le goûter. »

QUANTITÉ ET DURÉES

Pour 12 brioches • Préparation : 20 min • Attente : 50 min • Cuisson : 25 min.

INGRÉDIENTS

130 g de farine de riz demi-complet (+ 2 c. à s. pour les moules) ; 90 g de farine de millet ; 20 g de farine de coco ; 170 g de fécule de tapioca ou fécule de pomme de terre ; 25 g de poudre d'amandes ; 1 c. à c. de gomme xanthane ; 1 c. à c. de sel fin ; 30 g de sucre de canne blond ; 7 g de levure boulangère ; 250 ml de lait demi-écrémé ; 2 petits-suisses entiers nature ; 70 g de beurre doux (+ 1 grosse noix pour les moules) ; 2 œufs ; ½ c. à c. de vinaigre de riz ou de jus de citron ; 3 c. à s. d'eau de fleur d'oranger ; 1 c. à s. d'huile végétale.

MATÉRIEL SPÉCIFIQUE

12 petits moules à brioches ou une plaque de 12 moules à muffins.

RECETTE

① Beurrez et farinez généreusement les moules. Faites fondre le beurre à feu doux. Réservez.

② Dans un saladier, mélangez les ingrédients secs à l'aide d'un petit fouet à vinaigrette : farines, fécule, poudre d'amandes, gomme xanthane, sel et sucre. Ajoutez ensuite la levure boulangère. Versez dans le bol d'un robot avec la pale à pétrir.

③ Versez le lait dans une petite casserole et faites-le chauffer à 42 °C. Versez-le dans le bol du robot et mélangez à vitesse moyenne. Incorporez au fur et à mesure les petits-suisses, le beurre fondu, les œufs, le vinaigre de riz et l'eau de fleur d'oranger. Mélangez jusqu'à ce que la pâte, assez épaisse, soit bien homogène. N'hésitez pas à racler les bords du bol à l'aide d'une spatule en silicone.

④ Répartissez la pâte dans les moules, jusqu'à mi-hauteur. Recouvrez les moules d'un film alimentaire huilé à l'intérieur et refermez hermétiquement autour des moules ou de la plaque. Laissez lever dans un endroit chaud pendant environ 50 minutes.

⑤ 15 minutes avant la fin de la levée, préchauffez le four à 180 °C (thermostat 6). Retirez le film alimentaire et enfournez les brioches durant 20 à 25 minutes. Vérifiez leur cuisson en plantant une pique en bois en leur cœur : elle doit ressortir sèche.

⑥ Laissez les brioches reposer 10 minutes hors du four, puis démoulez-les délicatement. Laissez-les ensuite refroidir à l'envers sur une grille.

L'ASTUCE EN +

➔ Pour vous faciliter le démoulage, passez une fine lame ou une spatule entre le moule et la brioche afin de la décoller.

PORRIDGE AU QUINOA ET AU LAIT D'AMANDE

« Une version certifiée sans gluten du célèbre porridge anglais, d'habitude préparé avec des flocons d'avoine… »

QUANTITÉ ET DURÉES

Pour 2 personnes • Préparation : 10 min • Cuisson : 20 min.

INGRÉDIENTS

100 g de quinoa ; 230 ml de lait d'amande ; 1 c. à s. de sirop d'agave ; ½ c. à s. de cannelle en poudre ; ½ c. à c. d'extrait de vanille liquide ; 1 pincée de sel fin ; fruits coupés en morceaux, au choix.

RECETTE

① Lavez soigneusement le quinoa (au moins 3 fois).
② Dans une casserole, versez le quinoa, 180 ml de lait d'amande, 125 ml d'eau, le sel et l'extrait de vanille. Portez à ébullition, puis baissez le feu et laissez cuire à couvert et à feu doux pendant environ 16 minutes, en remuant régulièrement. Le quinoa doit avoir absorbé tout le liquide. Laissez-le gonfler hors du feu 5 minutes et remuez-le à la fourchette pour l'aérer.
③ Versez le quinoa dans des bols, ajoutez le lait d'amande restant et le sirop d'agave. Parsemez de cannelle et de morceaux de fruits. Servez sans attendre.

LES ASTUCES EN +

➔ En été, vous pouvez ajouter dans votre porridge des framboises, des myrtilles et quelques rondelles de banane. En hiver, optez pour des dés de pommes et de poires, ainsi que des abricots secs.
➔ Une fois cuit, le quinoa se conserve 3 jours au réfrigérateur dans un récipient hermétique. N'hésitez pas à préparer des réserves pour la semaine, vous n'aurez qu'à le faire réchauffer quelques instants avant dégustation.
➔ Vous pouvez agrémenter votre quinoa avec tous les ingrédients de votre choix : remplacez la cannelle par de la cardamome, ajoutez des amandes effilées...

SCONES AUX RAISINS ET À LA CANNELLE

« Croustillants sur le dessus, très tendres à l'intérieur, ces scones se dégustent tièdes, avec un peu de confiture, ou bien simplement avec une noisette de beurre... »

QUANTITÉ ET DURÉES

Pour 8 scones • Préparation : 25 min • Cuisson : 25 min.

INGRÉDIENTS

55 g de poudre d'amandes ; 80 g de farine de riz demi-complet (+ 2 c. à s. pour fariner l'emporte-pièce) ; 60 g de farine de millet ; 70 g de fécule de maïs (ou de pomme de terre) ; 1 c. à c. de gomme xanthane ; 1 c. à s. de poudre à lever ; ½ c. à c. de sel fin ; 50 g de sucre de canne blond en poudre ; 1 c. à c. de cannelle en poudre ; ¼ de c. à c. de noix de muscade en poudre ; 75 g de beurre doux congelé (+ 30 g de beurre fondu pour dorer les scones) ; 1 œuf ; 150 g de yaourt entier nature ; 2 c. à c. d'extrait de vanille liquide ; 85 g de raisins secs.

MATÉRIEL SPÉCIFIQUE

Un rouleau à pâtisserie ; un emporte-pièce ou un verre d'env. 7 cm de diamètre ; un pinceau de cuisine en silicone.

RECETTE

① Préchauffez le four à 180 °C (thermostat 6).

② Dans un grand bol, mélangez les ingrédients secs à l'aide d'un petit fouet à vinaigrette : poudre d'amandes, farines, fécule, gomme xanthane, poudre à lever, sel, sucre, cannelle et muscade. Râpez et déposez sur le dessus du mélange le beurre congelé. Remuez à l'aide d'une spatule. La préparation doit ressembler à une pâte sablée.

③ Dans un autre bol, mélangez les ingrédients humides : œuf, yaourt et extrait de vanille. Versez les ingrédients humides dans le mélange des ingrédients secs et remuez bien à l'aide d'une spatule en silicone. La pâte devient épaisse. Ajoutez les raisins secs et mélangez à nouveau.

④ Déposez la pâte sur le plan de travail recouvert d'une feuille de papier sulfurisé. Aplatissez-la sur une épaisseur de 4 cm à l'aide d'un rouleau à pâtisserie, en mettant une feuille de film alimentaire entre la pâte et le rouleau (cela vous permettra de l'étaler plus facilement). Ôtez ensuite le film alimentaire et découpez la pâte en 8 portions à l'aide d'un emporte-pièce rond fariné ou d'un verre fariné de 7 cm de diamètre.

⑤ Déposez les scones sur la plaque de cuisson recouverte d'une feuille de papier sulfurisé, espacés de 5 cm chacun. Badigeonnez-les avec le beurre fondu à l'aide d'un pinceau. Faites cuire les scones 25 minutes environ, selon leur taille et votre four.

LES ASTUCES EN +

➲ Pour toutes vos recettes de scones, il est important d'intégrer du beurre congelé. En effet, c'est la réaction chimique entre le beurre glacé et la chaleur du four qui va faire gonfler cette pâte presque feuilletée.

➲ Il est possible de découper les scones dans d'autres formes : les Anglais aiment les scones ronds fabriqués avec un emporte-pièce, les Américains les préfèrent en triangle... À chacun de voir selon son goût ! Pensez simplement à adapter le temps de cuisson en fonction de la taille de vos scones.

LES PÂTES À TARTE, À CRÊPES, À CHOUX...

CRÊPES À LA FARINE DE CHÂTAIGNE

« J'aime servir ces crêpes fourrées avec... de la crème de châtaigne, bien sûr ! »

QUANTITÉ ET DURÉES

Pour 15 crêpes • Préparation : 10 min • Attente : 1 heure • Cuisson : 2 à 3 min par crêpe.

INGRÉDIENTS

110 g de farine de châtaigne ; 50 g de farine de riz demi-complet ; 90 g de fécule de maïs ; 1 c. à c. de poudre à lever ; 1 pincée de sel fin ; 2 œufs ; 400 ml de lait demi-écrémé ; 1 c. à c. d'huile végétale (+ 1 à 2 c. à s. pour la cuisson).

MATÉRIEL SPÉCIFIQUE

Une poêle à crêpes.

RECETTE

① Dans un grand saladier, mélangez les ingrédients secs à l'aide d'un petit fouet à vinaigrette : farines, fécule, poudre à lever et sel. Réservez.
② Dans un saladier moyen, mélangez les ingrédients humides : œufs, lait et huile.
③ Versez doucement les ingrédients humides dans le mélange des ingrédients secs et remuez à l'aide d'un fouet jusqu'à obtenir une texture lisse. Couvrez avec du film alimentaire et laissez la pâte reposer au réfrigérateur pendant au moins 1 heure.
④ Faites chauffer une poêle à crêpes, légèrement huilée à l'aide d'un papier absorbant. Cuisez-y chaque crêpe recto verso durant 2 à 3 minutes.

LES ASTUCES EN +

- Pour une version sans lactose, remplacez le lait de vache par un lait végétal.
- Pour une pâte encore meilleure, laissez-la reposer toute la journée. Préparez-la par exemple le matin et cuisez les crêpes le soir.

AVEC UN MIX...

Comptez 140 g de mix pâtisserie sans gluten + 110 g de farine de châtaigne. Vérifiez bien que le mix ne contient pas déjà de la poudre à lever. En revanche, il ne doit pas contenir de gomme, puisqu'il n'en faut pas dans cette recette.

CRÊPES SALÉES AU SARRASIN

« Très facile et rapide à préparer, cette pâte à crêpes est idéale pour la réalisation de crêpes aussi bien salées que sucrées. »

QUANTITÉ ET DURÉES

Pour env. 12 crêpes • Préparation : 5 min • Attente : 1 h 30 • Cuisson : 1 à 2 min par crêpe.

INGRÉDIENTS

75 g de farine de sarrasin ; 45 g de farine de riz demi-complet ; 375 ml de lait demi-écrémé ; 4 œufs ; ½ c. à c. de sel fin ; 1 c. à s. d'huile de pépins de raisin (+ 1 à 2 c. à s. pour la poêle à crêpes).

MATÉRIEL SPÉCIFIQUE

Une poêle à crêpes.

RECETTE

① Mélangez les farines, le lait, le sel, les œufs et l'huile de pépins de raisin dans le récipient du robot ou à la main, jusqu'à obtention d'une pâte onctueuse. Si vous préparez la pâte au robot, pensez à bien racler les bords avec une spatule en silicone.
② Versez la pâte à crêpes dans un grand saladier. Couvrez de film alimentaire et laissez reposer au moins 1 heure au réfrigérateur. Sortez la pâte du réfrigérateur 30 minutes avant de faire cuire les crêpes.
③ Faites chauffer une poêle à crêpes à feu moyen/fort et huilez-la à l'aide d'un papier absorbant. Déposez une louche de pâte à crêpes, étalez-la, baissez le feu et faites cuire 1 minute environ. Retournez la crêpe et faites-la cuire de l'autre côté quelques secondes. Réservez votre crêpe au chaud. Renouvelez l'opération pour les autres crêpes jusqu'à épuisement de la pâte.

LES ASTUCES EN +

➔ Vous pouvez garnir vos crêpes avec les ingrédients de votre choix. En version sucrée : confiture, miel, fruits frais… En version salée : jambon blanc sans gluten, fromage, œuf, champignons… Découvrez aussi notre recette de ficelles picardes, p. 204.

➔ Plus vous préparerez la pâte à l'avance, meilleure elle sera ! N'hésitez pas, par exemple, à la faire le matin et à la laisser reposer au réfrigérateur jusqu'au dîner (en veillant à la sortir environ 30 minutes avant la cuisson des crêpes).

PÂTE À CHOUX

« Dans cette recette, la fécule de tapioca apporte une jolie couleur dorée et de la brillance à vos petits choux. »

QUANTITÉ ET DURÉES

Pour 14 petits choux (ou 6 éclairs, voir encadré ci-après)
• Préparation : 10 min • Cuisson : 10 min.

INGRÉDIENTS

40 g de farine de riz demi-complet ; 35 g de fécule de tapioca ; 1 c. à c. de sucre de canne blond en poudre ; 45 g de beurre doux, à température ambiante ; 60 ml de lait demi-écrémé ; 1 pincée de sel fin ; 2 œufs.

MATÉRIEL SPÉCIFIQUE

Une poche à douille.

RECETTE

① Préchauffez le four à 210 °C (thermostat 7).
② Dans un bol, mélangez les ingrédients secs à l'aide d'un petit fouet à vinaigrette : farine, fécule et sucre. Réservez.
③ Dans une casserole, faites fondre le beurre avec le lait, 60 ml d'eau et le sel jusqu'à ce que le mélange bouille. Ôtez du feu.
④ Ajoutez-y le mélange des ingrédients secs d'un seul coup. Remettez sur le feu (le plus doux possible) et mélangez avec une cuillère en bois pendant 3 minutes. La pâte va commencer à se décoller des bords de la casserole. Elle peut sembler grumeleuse au début, mais il faut persévérer en continuant à mélanger d'un geste vif et régulier.
⑤ Retirez du feu et ajoutez les œufs l'un après l'autre en vous assurant qu'ils sont bien incorporés. Mélangez sans cesse jusqu'à obtenir une consistance homogène. D'abord grumeleuse, la pâte va devenir plus lisse au bout de 2 minutes environ.
⑥ Versez la pâte à choux dans une poche à douille, puis formez vos choux ou vos éclairs sur une plaque de cuisson recouverte de papier sulfurisé.

⑦ Enfournez et laissez cuire 15 minutes, puis baissez la température à 180 °C (thermostat 6) et poursuivez la cuisson durant 15 minutes supplémentaires environ (selon la taille des choux).
⑧ Une fois que les choux sont cuits, déposez-les sur une grille afin qu'ils refroidissent.

LES ASTUCES EN +

➲ Attention, ne confondez pas la fécule de tapioca (qui a une texture de talc, comme la Maïzena) et le tapioca en billes (qui est le plus courant dans les magasins).
➲ Cette recette est idéale pour la préparation des mini-éclairs au chocolat, par exemple (voir p. 134).
➲ Préparez de préférence la pâte à choux la veille et faites cuire vos choux ou vos éclairs dans la foulée. Ils seront ainsi plus faciles à garnir le lendemain, car ils seront moins fragiles.

PÂTE À PIZZA

« Cette pâte à pizza est une alternative idéale aux mix sans gluten spécial pizzas proposés dans le commerce, souvent très fades. »

QUANTITÉ ET DURÉES

Pour 2 pizzas • Préparation : 15 min • Attente : 20 min • Cuisson : 14 min.

INGRÉDIENTS

110 g de farine de riz demi-complet ; 120 g de farine de millet ; 125 g de fécule de pomme de terre ; 110 g de fécule de maïs ; 3 c. à c. de poudre à lever ; 2 c. à c. de gomme xanthane ; 1 c. à c. de sel fin ; 3,5 c. à s. de sucre de canne blond ; 7 g de levain de quinoa ; 70 ml d'huile d'olive (+ 2 c. à s. pour badigeonner les pizzas et les faire cuire à blanc) ; 2 blancs d'œufs ; ¼ de c. à c. de vinaigre de riz.

MATÉRIEL SPÉCIFIQUE

Un pinceau de cuisine en silicone.

RECETTE

① Dans un grand bol, mélangez les ingrédients secs à l'aide d'un petit fouet à vinaigrette : farines, fécules, poudre à lever, gomme xanthane, sel et 3 cuillères à soupe de sucre.
② Dans un autre bol, mélangez l'huile, les blancs d'œufs et le vinaigre.
③ Dans un troisième bol, mélangez 300 ml d'eau tiède (43-46 °C) avec le levain de quinoa et le reste de sucre blond.
④ Versez le mélange huile-œufs-vinaigre dans le bol des farines. Remuez à l'aide d'une spatule en silicone. Puis ajoutez le levain dilué, toujours en mélangeant avec la spatule. La pâte devient crémeuse. Divisez-la en deux parts.
⑤ Versez la première partie de la pâte sur une plaque de cuisson recouverte de papier sulfurisé. Étalez-la en une fine couche à l'aide de la spatule ou des mains mouillées. Préparez la seconde pâte de la même manière, sur une autre plaque.
⑥ Placez les plaques dans un endroit chaud durant environ 20 minutes. Pendant ce temps, préchauffez le four à 210 °C (thermostat 7).
⑦ Badigeonnez vos pizzas avec 2 cuillères à soupe d'huile d'olive à l'aide d'un pinceau. Enfournez les plaques et faites cuire les pâtes pendant 7 minutes, en inversant les plaques à mi-cuisson.
⑧ Vous pouvez maintenant garnir vos pizzas avec les ingrédients de votre choix, et les faire cuire à nouveau 7 minutes.

LES ASTUCES EN +

- Respectez à la lettre la température de l'eau pour faire monter votre levain !
- Voir aussi notre recette de pizza végétarienne, p. 190.

PÂTE À TARTE PALÉO

« Préparée sans farine issue de céréales ni produit laitier, cette pâte à tarte rapide à préparer est parfaite pour toutes les personnes qui suivent un régime paléo… et les autres ! »

QUANTITÉ ET DURÉES

Pour 1 tarte • Préparation : 10 min • Cuisson : 15 min.

INGRÉDIENTS

190 g de poudre d'amandes ; 2 c. à s. d'huile de coco ; 1 œuf ; 1 pincée de sel fin.

RECETTE

① Préchauffez le four à 190 °C (thermostat 6-7).
② Dans un bol, mélangez la poudre d'amandes et le sel. Versez dans le bol du robot.
③ Ajoutez l'huile de coco et mélangez. Ajoutez ensuite l'œuf et mélangez jusqu'à obtenir une boule de pâte sablée.
④ Versez la pâte directement dans le moule à tarte et étalez-la à la main.
⑤ Faites précuire le fond de tarte 15 minutes jusqu'à obtenir une belle couleur dorée, puis garnissez-le avec les ingrédients de votre choix.

LES ASTUCES EN +

➲ Cette pâte à tarte est plutôt destinée aux desserts sucrés. Si vous voulez l'utiliser pour des recettes salées, remplacez l'huile de coco par 50 ml d'huile végétale neutre, comme de l'huile de pépins de raisin ou de l'huile de colza.

➲ Cette pâte étant particulièrement friable, le plus simple est de l'étaler directement dans le moule. Pour vous y aider, posez une feuille de film alimentaire sur la pâte et aplatissez-la en utilisant un bouchon en liège que vous roulerez comme un mini-rouleau à pâtisserie.

PÂTE SABLÉE SALÉE AMANDES-PARMESAN

« Cette pâte facile à préparer est croustillante grâce à la poudre d'amandes et bien parfumée par le parmesan. »

QUANTITÉ ET DURÉES

Pour 1 tarte.
Préparation : 10 min.
Attente : 1 heure.

INGRÉDIENTS

40 g de poudre d'amandes ; 30 g de farine de riz demi-complet ; 30 g de farine de millet ; 30 g de fécule de maïs ; 1 c. à c. de gomme xanthane ; 1 pincée de sel fin ; 40 g de parmesan râpé ; 115 g de beurre doux froid ; 3 c. à s. d'eau glacée.

RECETTE

① Dans un bol, mélangez les ingrédients secs à l'aide d'un petit fouet à vinaigrette : poudre d'amandes, farines, fécule, gomme xanthane, sel et parmesan. Versez dans le bol du robot avec une lame acier.
② Ajoutez le beurre froid coupé en petits morceaux et mélangez. Versez l'eau glacée cuillère par cuillère en continuant de mélanger.
③ Une fois que la pâte est homogène, enveloppez-la dans du film alimentaire, donnez-lui une forme de disque et réservez-la au réfrigérateur pour 1 heure.

LES ASTUCES EN +

➜ Cette pâte sablée est aussi bonne chaude que froide. Une excellente base pour la tarte froide chèvre-tomate-basilic, p. 194.
➜ Afin de réussir votre pâte, l'eau que vous ajoutez doit être bien glacée.
➜ Pour étaler facilement la pâte, déposez-la sur une feuille de papier sulfurisé farinée, puis posez par-dessus une feuille de film alimentaire avant de passer le rouleau à pâtisserie.

PÂTE SABLÉE SALÉE AU QUINOA

« Grâce à la farine de quinoa, cette pâte a un délicieux goût de noisette et une jolie couleur. Sans oublier ses nombreuses qualités nutritives. »

QUANTITÉ ET DURÉES

Pour 1 tarte • Préparation : 15 min • Attente : 30 min.

INGRÉDIENTS

70 g de farine de quinoa ; 40 g de farine de millet ; 60 g de farine de riz demi-complet (+ 2 c. à s. de farine de riz demi-complet pour étaler la pâte) ; 50 g de fécule (de maïs ou de pomme de terre) ; 1 c. à c. de gomme xanthane ; 1 pincée de sel fin ; 110 g de beurre doux froid ; 1 œuf ; 1 c. à c. d'eau glacée.

RECETTE

① Dans un saladier, mélangez les ingrédients secs à l'aide d'un petit fouet à vinaigrette : farines, fécule, gomme xanthane et sel. Versez dans le bol du robot (avec lame acier).

② Ajoutez le beurre froid coupé en petits morceaux et mélangez jusqu'à ce que des miettes de pâte se forment.

③ Incorporez l'œuf et mélangez à nouveau. Si la pâte semble trop sèche, ajoutez un peu d'eau glacée. La pâte se forme en boule dans le bol du robot.

④ Sur le plan de travail fariné, formez un disque plat avec la boule de pâte, enroulez-la dans du film alimentaire et laissez-la reposer au réfrigérateur durant au moins 30 minutes.

LES ASTUCES EN +

- Afin de réussir à coup sûr votre pâte, veillez à ce que l'eau que vous ajoutez soit bien glacée.
- Si vous préparez des tartelettes, n'hésitez pas à remettre la pâte étalée 15 minutes au réfrigérateur avant de la découper : cette opération en sera facilitée.
- Pour étaler facilement la pâte, voir notre astuce p. 117.

AVEC UN MIX...

Conservez la farine de quinoa pour donner du goût à votre pâte. Le bon dosage : 70 g de farine de quinoa pour 150 g de mix pâtisserie. Vérifiez si le mix contient déjà de la gomme (xanthane ou de guar).
En revanche, il ne doit pas contenir de poudre à lever !

PÂTE SABLÉE SALÉE AU SARRASIN

« Le sarrasin apporte un petit côté "à l'ancienne" à cette pâte sablée idéale pour la préparation de tartes salées et de quiches... »

QUANTITÉ ET DURÉES

Pour 1 tarte • Préparation : 15 min • Attente : 1 heure.

INGRÉDIENTS

50 g de farine de sarrasin ; 50 g de farine de millet ; 40 g de fécule de maïs ; ½ c. à c. de gomme xanthane ; 1 pincée de sel fin ; 110 g de beurre doux ramolli ; 1 œuf ; 2 c. à s. d'eau glacée.

RECETTE

① Dans un saladier, mélangez les ingrédients secs à l'aide d'un petit fouet à vinaigrette : farines, fécule, gomme xanthane et sel. Versez dans le bol du robot (avec lame acier).

② Ajoutez le beurre en morceaux et mélangez jusqu'à ce que des miettes de pâte se forment. Incorporez l'œuf et mélangez à nouveau.

③ Versez ensuite l'eau glacée, cuillère après cuillère. Si la pâte semble trop sèche, ajoutez 1 cuillère d'eau supplémentaire. La pâte forme alors une boule dans le bol du robot. Enroulez-la dans du film alimentaire et laissez-la reposer au réfrigérateur pendant au moins 1 heure.

LES ASTUCES EN +

- Vous pouvez préparer cette pâte la veille et la laisser reposer au réfrigérateur toute la nuit.
- Pour réussir votre pâte, l'eau que vous ajoutez doit impérativement être bien glacée.
- Pour étaler facilement la pâte, voir notre astuce p. 117.

PÂTE SABLÉE SUCRÉE

« La poudre d'amandes apporte de la souplesse et de la texture à la pâte. Son goût se marie très bien avec celui des fruits. »

QUANTITÉ ET DURÉES

Pour 1 tarte • Préparation : 15 min • Attente : 1 heure.

INGRÉDIENTS

40 g de farine de millet ; 40 g de farine de riz demi-complet (+ 2 c. à s. pour étaler la pâte) ; 35 g de fécule (de maïs ou de pomme de terre) ; 30 g de poudre d'amandes ; 1 c. à c. de gomme xanthane ; 1 pincée de sel fin ; 1 c. à c. de sucre de canne blond ; 125 g de beurre doux froid ; 1 œuf ; 2 à 3 c. à s. d'eau glacée.

RECETTE

① Dans un saladier, mélangez les ingrédients secs à l'aide d'un petit fouet à vinaigrette : farines, fécule, poudre d'amandes, gomme xanthane, sel et sucre.

② Versez le tout dans le bol du robot (avec lame acier). Ajoutez le beurre froid coupé en petits cubes, mélangez, puis ajoutez l'œuf. Tout en continuant à mélanger, versez 2 à 3 cuillères à soupe d'eau glacée, cuillerée par cuillerée, jusqu'à obtention d'une pâte homogène.

③ Enroulez la pâte dans du film alimentaire et laissez-la reposer 1 heure au réfrigérateur.

LES ASTUCES EN +

➔ Afin de réussir votre pâte, l'eau doit impérativement être glacée. N'hésitez pas à la faire refroidir à l'aide de quelques glaçons.
➔ Pour étaler facilement la pâte, voir notre astuce p. 117.
➔ Dans certaines recettes, il est nécessaire de faire précuire la pâte. Dans ce cas, piquez le fond à la fourchette, recouvrez-la d'une feuille de papier sulfurisé et versez des billes de cuisson (ou de vieilles lentilles) afin d'éviter que la pâte ne gonfle. Faites précuire la pâte selon le temps indiqué dans la recette, au four préchauffé à 180 °C (thermostat 6).

AVEC UN MIX...

Conservez la poudre d'amandes pour donner du goût à la pâte : comptez 115 g de mix pâtisserie sans gluten et 30 g de poudre d'amandes. Vérifiez si votre mix contient déjà de la gomme (xanthane ou de guar). Attention, il ne faut pas qu'il contienne de poudre à lever !

LES GOÛTERS ET LES DESSERTS

BLONDIE

« Le blondie est un brownie sans chocolat (il est remplacé par du sucre blond). Il a l'avantage de se transporter très facilement. »

QUANTITÉ ET DURÉES

Pour 6 personnes • Préparation : 15 min • Cuisson : 30 min.

INGRÉDIENTS

70 g de poudre d'amandes ; 70 g de farine de riz demi-complet ; 70 g de farine de millet ; 70 g de fécule (maïs ou pomme de terre) ; 1 c. à c. de gomme xanthane ; 2 c. à c. de poudre à lever ; 1 c. à c. de sel fin ; 60 g de beurre doux (+ 1 noix pour le moule) ; 300 g de sucre de canne blond en poudre ; 2 œufs ; 1 c. à c. d'extrait de vanille ; 120 g de raisins secs ; 200 g de chocolat noir à pâtisser.

MATÉRIEL SPÉCIFIQUE

Un moule carré (type moule à brownie).

RECETTE

① Préchauffez le four à 180 °C (thermostat 6). Beurrez un moule carré, puis tapissez-le d'une feuille de papier sulfurisé, en laissant ce dernier dépasser les bords du moule de quelques centimètres afin de pouvoir démouler facilement le gâteau.
② Dans un saladier, mélangez les ingrédients secs à l'aide d'un petit fouet à vinaigrette : poudre d'amandes, farines, fécule, gomme xanthane, poudre à lever et sel. Réservez.
③ Détaillez le chocolat en éclats à l'aide d'un couteau à pain et réservez. Faites fondre le beurre.
④ Versez le sucre et le beurre fondu dans le bol du robot et mélangez. Ajoutez les œufs, l'un après l'autre, en vous assurant qu'ils sont bien incorporés. Ajoutez ensuite l'extrait de vanille.
⑤ Versez doucement le mélange des ingrédients secs dans le bol du robot et mélangez. Mettez-y les raisins et les éclats de chocolat, puis mélangez rapidement. La pâte devient très épaisse.
⑥ Versez la pâte dans le moule et lissez à l'aide d'une spatule. Enfournez et laissez cuire environ 30 minutes. Vérifiez la cuisson avec une pique

en bois : plantez-la au centre du gâteau, elle doit ressortir légèrement humide.

⑦ Laissez le gâteau tiédir pendant 10 minutes dans le moule. Puis démoulez-le et laissez-le refroidir complètement sur une grille.

L'ASTUCE EN +

➔ Avant d'incorporer les raisins secs à la préparation, prélevez une cuillère à soupe du mélange des ingrédients secs et saupoudrez-en les raisins. Mélangez de manière à bien les enrober. Cela évitera aux raisins de tomber dans le fond du gâteau.

AVEC UN MIX...

Conservez la poudre d'amandes pour donner du goût et de la texture à la pâte. Comptez 210 g de mix pâtisserie sans gluten + 70 g de poudre d'amandes. Vérifiez si le mix contient déjà de la gomme (xanthane ou de guar) et/ou de la poudre à lever.

BROWNIE CHOCOLAT-NOIX DE PÉCAN

« Légèrement craquant sur le dessus, ultra-fondant à l'intérieur, ce brownie riche en chocolat est un vrai délice. À agrémenter comme il vous plaît de noix de pécan, de noisettes ou d'amandes, et à consommer avec un thé ou un café. »

QUANTITÉ ET DURÉES

Pour 8 personnes • Préparation : 20 min • Cuisson : 35 min.

INGRÉDIENTS

60 g de fécule de maïs ; 25 g de cacao en poudre ; ½ c. à c. de cannelle en poudre ; ½ c. à c. de sel fin ; 200 g de chocolat noir à pâtisser ; 80 g de beurre doux (+ 1 noix pour le moule) ; 150 g de sucre de canne brun en poudre ; 3 œufs ; 1 c. à c. d'extrait de vanille liquide ; 125 g de noix de pécan.

MATÉRIEL SPÉCIFIQUE

Un moule carré (type moule à brownie).

RECETTE

① Préchauffez le four à 180 °C (thermostat 6). Beurrez légèrement le moule et recouvrez l'intérieur de papier sulfurisé en le laissant dépasser des bords du moule (afin de démouler le gâteau plus facilement).

② Dans un saladier, mélangez les ingrédients secs à l'aide d'un petit fouet à vinaigrette : fécule, cacao en poudre, cannelle et sel. Réservez.

③ À l'aide d'un grand couteau, hachez grossièrement les noix de pécan d'une part et le chocolat noir d'autre part.

④ Au bain-marie, faites fondre le chocolat noir et le beurre coupé en petits morceaux. Une fois le chocolat fondu bien onctueux, ajoutez le sucre et la vanille. Mélangez à l'aide d'une cuillère en bois.

⑤ Mettez-y les œufs un par un, en veillant à bien mélanger la préparation entre chaque incorporation. Ajoutez ensuite tout doucement le mélange des ingrédients secs et remuez vigoureusement jusqu'à obtention d'une consistance homogène. Ajoutez les éclats de noix de pécan, et remuez à nouveau.

⑥ Versez la pâte dans le moule et lissez le dessus. Enfournez et laissez cuire environ 35 minutes. Vérifiez la cuisson à l'aide d'une pique en bois : si elle ressort sèche, le gâteau est prêt.

⑦ Laissez-le refroidir, d'abord sur la porte du four ouverte, puis retirez-le du moule à l'aide des bords du papier sulfurisé et laissez-le refroidir complètement sur une grille.

LES ASTUCES EN +

➲ Vous pouvez remplacer les noix de pécan par des noix de macadamia, des amandes... Si vous aimez le mélange café-chocolat, vous pouvez aussi ajouter 2 cuillères à soupe de café soluble dans la pâte.

➲ Pour une cuisson homogène du gâteau, pensez à le tourner d'un quart de tour à mi-cuisson.

CAKE BANANE-CHOCOLAT

« Ce cake facile et rapide à préparer permet d'utiliser les bananes trop mûres pour être mangées. Associé à la poudre d'amandes et au chocolat noir, c'est le cake parfait pour les sportifs... et les gourmands ! »

QUANTITÉ ET DURÉES

Pour 6 personnes • Préparation : 20 min • Cuisson : 1 heure.

INGRÉDIENTS

70 g de poudre d'amandes ; 50 g de farine de riz demi-complet ; 40 g de farine de millet ; 50 g de fécule de maïs (ou de pomme de terre) ; 1 c. à c. de bicarbonate de sodium ; 2,5 c. à c. de poudre à lever ; ½ c. à c. de sel fin ; ½ c. à c. de gomme xanthane ; 2 œufs ; 50 ml d'huile végétale (colza ou pépins de raisin, par exemple) ; 180 g de sucre de canne blond en poudre ; 2 c. à c. d'extrait de vanille liquide ; 3 bananes très mûres ; 150 g de pépites de chocolat noir.

MATÉRIEL SPÉCIFIQUE

Un moule à cake.

RECETTE

① Préchauffez le four à 180 °C (thermostat 6). Chemisez le moule à cake de papier sulfurisé en laissant ce dernier dépasser largement les bords du moule.

② Dans un bol, mélangez les ingrédients secs à l'aide d'un petit fouet à vinaigrette : poudre d'amandes, farines, fécule, bicarbonate, poudre à lever, sel et gomme xanthane. Ajoutez le sucre et mélangez à nouveau. Réservez.

③ Pelez les bananes et écrasez-les à l'aide d'une fourchette dans une assiette creuse. Dans le bol du robot, mélangez les bananes écrasées avec l'huile et la vanille. Ajoutez les œufs, l'un après l'autre, en s'assurant qu'ils sont bien incorporés. N'hésitez pas à racler les bords du bol avec une spatule de manière à ce que la pâte soit bien homogène.

④ Ajoutez ensuite la préparation des ingrédients secs. Remuez jusqu'à obtenir une texture onctueuse. Incorporez les pépites de chocolat et mélangez rapidement.

⑤ Versez la pâte dans le moule chemisé. Enfournez et laissez cuire pendant environ 1 heure. Vérifiez la cuisson en plantant une pique en bois au centre du cake : elle doit ressortir sèche.

⑥ Laissez reposer le cake 10 minutes sur la porte du four ouvert et éteint. Démoulez et laissez le cake finir de refroidir sur une grille.

LES ASTUCES EN +

- N'ajoutez pas toutes les pépites de chocolat dans la préparation : gardez-en une poignée pour en parsemer le gâteau avant cuisson.
- Attendez que le cake soit bien refroidi avant de le trancher, sinon il s'émiette.

COOKIES AUX PÉPITES DE CHOCOLAT ET NOIX DE PÉCAN

« C'est la recette classique (version sans gluten) des vrais cookies américains ! »

QUANTITÉ ET DURÉES

Pour env. 20 cookies • Préparation : 20 min • Attente : 1 heure • Cuisson : 14 min.

INGRÉDIENTS

60 g de poudre d'amandes ; 60 g de farine de millet ; 60 g de farine de riz demi-complet ; 75 g de fécule de pomme de terre ; ½ c. à c. de bicarbonate de sodium ; ½ c. à c. de gomme xanthane ; 1 pincée de sel fin ; 180 g de beurre doux à température ambiante ; 120 g de sucre de canne blond en poudre ; 115 g de sucre brun en poudre (rapadura ou vergeoise brune) ; 2 c. à c. d'extrait de vanille liquide ; 2 œufs ; 200 g de pépites de chocolat noir ; 100 g de noix de pécan.

RECETTE

① Dans un saladier, mélangez les ingrédients secs à l'aide d'un petit fouet à vinaigrette : poudre d'amandes, farines, fécule, bicarbonate, gomme xanthane et sel. Réservez.

② Hachez grossièrement les noix de pécan à l'aide d'un grand couteau, et réservez aussi.

③ Au robot, battez à vitesse moyenne, pendant environ 4 minutes, le beurre et les sucres, jusqu'à obtenir une couleur pâle et une consistance crémeuse. Ajoutez les œufs un par un en vous assurant qu'ils sont bien incorporés. Versez-y la vanille.

④ Mettez-y le mélange des ingrédients secs et battez jusqu'à ce que la pâte soit bien uniforme. Réduisez la vitesse de votre robot et incorporez les pépites de chocolat et les noix de pécan. Ne mélangez pas trop. Couvrez et mettez la pâte au réfrigérateur pendant au moins 1 heure.

⑤ 15 minutes avant la fin du temps de pose de la pâte, préchauffez le four à 180 °C (thermostat 6). Recouvrez une plaque de cuisson d'une feuille de papier sulfurisé.

⑥ À l'aide d'une cuillère, prelevez la pâte et roulez entre les paumes des petites boules de la taille d'une grosse noix. Aplatissez-les légèrement. Déposez-les sur la feuille de papier sulfurisé en laissant un espace de 5 cm environ entre les cookies.

⑦ Enfournez et laissez cuire environ 14 minutes jusqu'à ce que les bords des cookies soient dorés et le centre encore un peu mou. Sortez la plaque du four et laissez les cookies tiédir 2 minutes sur la plaque, avant de les déposer sur une grille pour leur permettre de refroidir complètement.

LES ASTUCES EN +

- Si vous le pouvez, laissez reposer la pâte à cookies une nuit entière. Le beurre et les œufs auront ainsi tout le temps de diffuser leurs arômes et de donner du liant à la pâte. Elle n'en sera que meilleure.
- Cette pâte supporte très bien la congélation. Formez vos petites boules de cookies, laissez-les 1 heure au réfrigérateur pour qu'elles durcissent, puis congelez-les dans une boîte hermétique. Vous n'aurez plus qu'à les faire cuire en ajoutant quelques minutes de cuisson.
- Si vous trouvez votre pâte un peu collante, formez vos petites boules avec les mains en les farinant (avec de la farine de riz) au préalable.

AVEC UN MIX...

Conservez la poudre d'amandes pour donner du goût et de la texture au gâteau. Dans ce cas, il vous faut 195 g de mix pâtisserie sans gluten + 60 g de poudre d'amandes. Vérifiez toujours si le mix contient déjà de la gomme (xanthane ou de guar).

Mais il ne doit pas contenir de poudre à lever, car la recette n'en demande pas.

GAUFRES

« Les œufs en neige apportent le moelleux à ces gaufres, et la farine de millet leur donne une jolie couleur dorée. »

QUANTITÉ ET DURÉES

Pour env. 10 gaufres • Préparation : 15 min • Cuisson : env. 4 min par gaufre.

INGRÉDIENTS

75 g de farine de riz demi-complet ; 50 g de farine de millet ; 50 g de farine de maïs ; 75 g de fécule de pomme de terre ; 30 g de fécule de maïs ; 1 c. à c. de gomme xanthane ; 1,5 c. à c. de poudre à lever ; ½ c. à c. de bicarbonate de sodium ; ½ c. à c. de sel fin ; 2 c. à s. de sucre de canne blond en poudre ; 2 œufs, à température ambiante ; 3 c. à s. d'huile végétale ; 240 ml de yaourt entier nature ; 170 ml de lait demi-écrémé, à température ambiante.

MATÉRIEL SPÉCIFIQUE

Un gaufrier.

RECETTE

① Dans un grand bol, mélangez les ingrédients secs à l'aide d'un petit fouet à vinaigrette : farines, fécules, gomme xanthane, poudre à lever, bicarbonate, sel et sucre. Réservez.

② Séparez les blancs des jaunes d'œufs. Montez les blancs en neige jusqu'à ce qu'ils soient bien fermes (des petites piques doivent apparaître en surface), et réservez à température ambiante.

③ Battez au robot les jaunes d'œufs avec l'huile, 3 minutes à vitesse moyenne, jusqu'à obtenir une consistance crémeuse. Ajoutez le yaourt puis le lait en continuant de battre jusqu'à ce que le mélange soit homogène.

④ Incorporez-y doucement le mélange des ingrédients secs et battez encore. La pâte devient assez épaisse.

⑤ Versez cette pâte dans un grand saladier et incorporez délicatement les œufs montés en neige à l'aide d'une spatule en silicone, en tournant toujours dans le même sens pour ne pas les casser.

⑥ Faites chauffer le gaufrier selon les instructions données dans la notice (pour certains, il faut huiler les plaques ; cela dépend du revêtement). Lorsque les plaques sont chaudes, étalez un peu de pâte dans chaque moule et lissez avec une spatule afin que chaque alvéole soit bien remplie. Refermez le gaufrier et faites cuire selon les instructions données dans la notice, environ 2 minutes de chaque côté (à adapter en fonction de votre appareil).

L'ASTUCE EN +

➔ N'hésitez pas à préparer et à faire cuire les gaufres à l'avance. Elles se réchauffent facilement quelques minutes au grille-pain. Elles supportent aussi très bien la congélation si elles sont bien emballées (dans du papier sulfurisé, puis dans un sac congélation). Vous pouvez les sortir la veille au soir du congélateur, les entreposer au réfrigérateur puis les toaster le matin dans le grille-pain.

AVEC UN MIX...

Si vous utilisez uniquement un mix sans gluten, prévoyez 280 g de mix pâtisserie.
Vous pouvez également conserver la farine de maïs pour donner un petit goût supplémentaire à vos gaufres, mais aussi une belle couleur dorée. Dans ce cas, comptez 230 g de mix + 50 g de farine de maïs.
Vérifiez si votre mix contient déjà de la gomme (xanthane ou de guar) et/ou de la poudre à lever.

MADELEINES AU CITRON

« Ce petit dessert classique accompagne aussi bien le café que les sorbets. Et surtout, les madeleines se transportent facilement, pour le goûter ou les pique-niques. »

QUANTITÉ ET DURÉES

Pour env. 20 madeleines • Préparation : 10 min • Attente : 1 heure • Cuisson : 13 min.

INGRÉDIENTS

50 g de poudre d'amandes ; 30 g de farine de riz demi-complet (+ 2 c. à s. pour les moules) ; 30 g de farine de millet ; 40 g de fécule de maïs ; ½ c. à c. de gomme xanthane ; 1 c. à c. de poudre à lever ; 3 œufs ; 1 pincée de sel fin ; 75 g de sucre de canne blond en poudre ; 110 g de beurre doux (+ 1 noix pour les moules) ; 1 c. à s. d'extrait de vanille ; 1 citron bio ou non traité.

MATÉRIEL SPÉCIFIQUE

Une plaque de moules à madeleines.

RECETTE

① Lavez et zestez le citron. Réservez.
② Dans un bol, mélangez les ingrédients secs à l'aide d'un petit fouet à vinaigrette : poudre d'amandes, farines, fécule, gomme xanthane et poudre à lever. Réservez.
③ Faites fondre le beurre à feu doux dans une petite casserole. Réservez aussi.
④ Versez les œufs, le sel et le sucre dans le bol du robot. Battez jusqu'à ce que le mélange blanchisse (environ 3 minutes). Ajoutez le beurre fondu, l'extrait de vanille, le zeste de citron et les ingrédients secs. Mélangez bien. Placez la pâte au réfrigérateur pendant 1 heure.
⑤ 15 minutes avant la fin du temps de pose, préchauffez le four à 180 °C (thermostat 6). Beurrez et farinez les moules à madeleines. Déposez la pâte dans les moules et faites cuire environ 13 minutes, jusqu'à ce que les bords des madeleines soient légèrement dorés.
⑥ Laissez reposer les madeleines 5 minutes dans les moules avant de les démouler. Faites-les ensuite refroidir sur une grille.

L'ASTUCE EN +

➜ Vous pouvez saupoudrer vos madeleines de sucre glace juste avant de servir.

MINI-ÉCLAIRS AU CHOCOLAT

« Un grand classique de la pâtisserie française ! Cette version sans gluten n'a rien à envier à l'originale. »

QUANTITÉ ET DURÉES

Pour 14 petits éclairs • Préparation : 15 min la veille + 45 min
• Cuisson : 30 min la veille + 20 min.

INGRÉDIENTS

Pâte à choux (voir recette p. 113).

POUR LA CRÈME PÂTISSIÈRE AU CHOCOLAT

500 ml de lait demi-écrémé ; 150 g de sucre de canne blond en poudre ; 5 jaunes d'œufs ; 50 g de fécule de maïs ; 30 g de cacao en poudre non sucré ; 1 gousse de vanille.

POUR LE GLAÇAGE AU CHOCOLAT

250 g de fondant ; 1 c. à s. de cacao en poudre ; 2 c. à s. de sirop de sucre de canne liquide.

MATÉRIEL SPÉCIFIQUE

Une poche à douille.

RECETTE

Pour la pâte à choux (la veille)

① Préchauffez le four à 210 °C (thermostat 7). Déposez une feuille de papier sulfurisé sur la plaque du four.

② Préparez la pâte à choux et placez-la dans une poche à douille (ouverture de 3 cm). Formez les petits éclairs sur le papier sulfurisé de la plaque du four. Enfournez et laissez cuire 15 minutes, puis baissez la température à 180 °C (thermostat 6) et poursuivez la cuisson durant 15 minutes supplémentaires.

③ Une fois que les éclairs sont cuits, déposez-les sur une grille afin qu'ils refroidissent et durcissent un peu (pour faciliter le remplissage le lendemain).

Pour la crème pâtissière

① Versez le lait dans une casserole. Fendez la gousse de vanille en deux dans le sens de la longueur, récupérez les petits grains noirs à l'aide de la pointe d'un couteau et mettez-les dans le lait. Ajoutez la gousse de vanille et portez à ébullition.
② Dans un grand bol, battez les jaunes d'œufs avec le sucre jusqu'à ce que le mélange blanchisse, soit épais et mousseux.
③ Dans un autre bol, mélangez la fécule et le cacao. Incorporez ce mélange dans la préparation œufs-sucre, cuillère après cuillère, en le tamisant.
④ Ôtez la gousse de vanille du lait bouillant. Ajoutez le lait bouillant au mélange œufs-sucre-fécule-cacao, sans cesser de remuer à l'aide d'une cuillère en bois.
⑤ Versez cette préparation dans une casserole et faites cuire à feu doux, sans cesser de remuer, jusqu'au premier bouillon. Retirez la casserole du feu. Placez la crème pâtissière obtenue dans une poche à douille, fermez hermétiquement et laissez refroidir.

Pour le glaçage

① Dans une casserole au bain-marie, mettez le cacao en poudre, 1 cuillère à soupe d'eau et le sirop de sucre de canne.
② Ajoutez le fondant et faites fondre à feu très doux en remuant.

Pour le montage des éclairs

① Réalisez 2 à 3 petits trous (selon la taille de vos éclairs) dans le dessous de chaque éclair avec l'embout de la poche à douille. Garnissez vos éclairs avec la crème pâtissière au chocolat.
② Plongez le dessus de chaque éclair dans le fondant. Retirez-le délicatement en le relevant comme un avion qui décolle, puis lissez avec le doigt. Déposez les éclairs sur une grille et réservez-les au frais jusqu'au moment de servir.

LES ASTUCES EN +

- Préparez la pâte à choux et faites cuire les éclairs la veille. Ainsi, la pâte à choux aura le temps de durcir un peu et vos éclairs seront plus faciles à garnir et à glacer.
- Pour faire des éclairs bien réguliers, tracez, au dos de la feuille de papier sulfurisé, des traits de la longueur souhaitée (ici, 8 cm). Vous n'aurez plus qu'à suivre les lignes avec la poche à douille.
- Avec les blancs d'œufs restants, vous pouvez préparer des amaretti (voir recette p. 180), des baguettes (p. 84), un pain à la bière et au cumin (p. 86)...

MUFFINS AUX PÉPITES DE CHOCOLAT ET À LA BANANE

« La banane permet d'obtenir une texture très moelleuse qui fond en bouche. De plus, elle s'accorde très bien avec le chocolat. »

QUANTITÉ ET DURÉES

Pour 12 muffins • Préparation : 15 min • Cuisson : 25 min.

INGRÉDIENTS

80 g de farine de riz demi-complet ; 80 g de farine de millet ; 40 g de fécule de pomme de terre ; 85 g de poudre d'amandes ; 1 c. à c. de gomme xanthane ; ½ c. à c. de sel fin ; 1 c. à s. de poudre à lever ; 1 c. à c. de cannelle en poudre ; 2 bananes mûres ; 80 ml d'huile de colza ou de pépins de raisin ; 80 ml de lait demi-écrémé (ou lait végétal) ; 75 g de sucre brun (type rapadura ou

vergeoise brune) ; 2 œufs ; 2 c. à c. d'extrait de vanille liquide ; 180 g de pépites de chocolat noir.

MATÉRIEL SPÉCIFIQUE

Une plaque de 12 moules à muffins ; 12 caissettes en papier.

RECETTE

① Préchauffez le four à 180 °C (thermostat 6). Garnissez les moules de caissettes en papier.
② Dans un bol, mélangez les ingrédients secs à l'aide d'un petit fouet à vinaigrette : farines, fécule, poudre d'amandes, gomme xanthane, sel, poudre à lever et cannelle. Réservez.
③ Pelez les bananes. Battez au robot les ingrédients humides : bananes, huile, lait et extrait de vanille. Ajoutez ensuite le sucre brun et les œufs, l'un après l'autre, en vous assurant qu'ils sont bien incorporés à la préparation.
④ Mettez-y le mélange des ingrédients secs. Si la pâte semble trop épaisse, ajoutez 1 cuillère à soupe de lait. Ajoutez ensuite 150 g de pépites de chocolat noir et mélangez.
⑤ Versez la pâte dans les moules. Décorez avec les pépites de chocolat restantes. Enfournez et laissez cuire 25 minutes environ. Testez la cuisson avec une pique en bois : si elle ressort sèche, les muffins sont cuits.
⑥ Retirez les muffins du four, patientez 5 minutes, puis démoulez-les et laissez-les refroidir sur une grille.

AVEC UN MIX...

Conservez la poudre d'amandes pour donner du goût et de la texture à votre pâte. Comptez alors 200 g de mix pâtisserie sans gluten + 85 g de poudre d'amandes. N'oubliez pas de vérifier si le mix contient déjà de la gomme (xanthane ou de guar) et/ou de la poudre à lever.

SABLÉS

« Très tendres, ces sablés peuvent être découpés à l'emporte-pièce et décorés selon l'occasion... »

QUANTITÉ ET DURÉES

Pour env. 60 sablés • Préparation : 25 min • Attente : 2 h 35 • Cuisson : 15 min par plaque.

INGRÉDIENTS

60 g de farine de millet ; 60 g de farine de riz demi-complet (+ 2 c. à s. pour étaler la pâte) ; 100 g de poudre d'amandes ; 60 g de fécule de maïs ; 1 c. à c. de gomme xanthane ; ½ c. à c. de poudre à lever ; ¼ de c. à c. de sel fin ; 100 g de sucre de canne blond ; 25 g de sucre glace ; 100 g de beurre doux à température ambiante ; 1 œuf à température ambiante ; ½ c. à c. d'extrait de vanille liquide.

MATÉRIEL SPÉCIFIQUE

Un emporte-pièce ou, à défaut, un verre.

RECETTE

① Dans un grand bol, mélangez les ingrédients secs à l'aide d'un petit fouet à vinaigrette : farines, poudre d'amandes, fécule, gomme xanthane, poudre à lever et sel. Ajoutez le sucre glace et le sucre de canne, et placez le tout dans le bol du robot.

② Ajoutez le beurre coupé en petits morceaux, l'œuf et la vanille. Mélangez à vitesse rapide jusqu'à ce qu'une boule de pâte se forme. Divisez la pâte en deux parties. Aplatissez chaque boule en un cercle plat, enveloppez dans du film alimentaire et mettez au frais durant au moins 2 heures.

③ Étalez chaque pâte entre une feuille de papier sulfurisé farinée (en dessous) et une feuille de film alimentaire (au-dessus), sur une épaisseur de 0,5 cm maxi. Remettez au réfrigérateur pour 15 minutes.

④ Découpez les sablés avec un emporte-pièce. Déposez-les sur deux plaques recouvertes de papier sulfurisé. Remettez au réfrigérateur pour 20 minutes.

⑤ Pendant ce temps, préchauffez le four à 180 °C (thermostat 6). Enfournez vos plaques et laissez cuire 12 à 15 minutes selon votre four et la taille de vos biscuits. Faites ensuite refroidir ces derniers sur une grille.

L'ASTUCE EN +

➔ Vous pouvez glacer vos sablés avec un glaçage au sucre. Mélangez tout doucement 100 g de sucre glace avec 7 à 8 cuillères à café d'eau (en l'ajoutant cuillère par cuillère), jusqu'à obtenir une consistance crémeuse. Nappez les biscuits et laissez sécher. N'hésitez pas à mettre deux couches de glaçage pour obtenir une surface lisse et bien blanche.

AVEC UN MIX…

Conservez la poudre d'amandes pour donner du goût à vos biscuits. Utilisez 100 g de poudre d'amandes + 180 g de mix pâtisserie sans gluten. Vérifiez s'il contient déjà de la gomme (xanthane ou de guar) et/ou de la poudre à lever.

LES GÂTEAUX

BABA AU RHUM

« Ce gâteau est un classique parmi les classiques. Il m'a fallu plusieurs essais pour réussir une version sans gluten digne du baba que je dévorais étant plus jeune. »

QUANTITÉ ET DURÉES

Pour 6 personnes • Préparation : 35 min • Cuisson : 45 min.

INGRÉDIENTS

70 g de farine de riz demi-complet (+ 1 c. à s. pour le moule) ; 60 g de farine de millet ; 110 g de fécule de maïs (ou de pomme de terre) ; 35 g de poudre d'amandes ; ¾ de c. à c. de gomme xanthane ; 1,5 c. à c. de poudre à lever ; ½ c. à c. de bicarbonate de sodium ; 1 c. à c. de sel fin ; 70 g de lait en poudre ; 200 g de sucre de canne blond en poudre ; 100 ml d'huile végétale (noix de coco fondue, pépins de raisin, colza…) ; 3 c. à s. de rhum ; 125 ml de lait demi-écrémé, à température ambiante (ou lait végétal) ; 4 œufs ; 1 noix de beurre (pour le moule).

POUR LE SIROP

190 g de sucre de canne roux en poudre ; 100 ml de rhum.

MATÉRIEL SPÉCIFIQUE

Un moule à savarin.

RECETTE

① Préchauffez le four à 180 °C (thermostat 6). Beurrez et farinez le moule à savarin.

② Dans un grand bol, mélangez les ingrédients secs à l'aide d'un petit fouet à vinaigrette : farines, fécule, poudre d'amandes, gomme xanthane, poudre à lever, bicarbonate, sel et lait en poudre. Ajoutez le sucre en poudre et mélangez à nouveau.

③ Creusez un puits au centre du mélange et versez l'huile. Remuez bien (idéalement à l'aide d'un batteur à main). Ajoutez le rhum et battez à nouveau. Ajoutez ensuite les œufs un par un, en mélangeant bien entre chaque incorporation. Versez enfin le lait et battez. La pâte est un peu épaisse, c'est normal.

④ Versez la pâte dans le moule. Tapez le moule sur le plan de travail pour permettre aux bulles d'air de s'échapper. Enfournez et laissez cuire 45 minutes.

⑤ Éteignez le four et laissez le gâteau reposer dans le moule 10 minutes, sur la porte du four ouverte. Puis démoulez-le et déposez-le sur une grille afin qu'il refroidisse.

⑥ Préparez le sirop de rhum : dans une casserole, mélangez le sucre, le rhum et 250 ml d'eau. Faites chauffer environ 3 minutes jusqu'à ce que le sucre soit bien dissous. Réservez.

⑦ À l'aide d'une fine pique en bois, piquez les côtés du gâteau (ces petits trous aideront le sirop à imbiber le baba). Posez délicatement le baba sur le côté et versez le sirop à l'aide d'une cuillère à soupe. Laissez-le boire quelques minutes, puis tournez-le un peu et recommencez l'opération jusqu'à ce que le baba soit imbibé de tous les côtés. Saupoudrez le baba au rhum de sucre glace, par exemple, et présentez le reste du sirop dans un petit pot à côté.

L'ASTUCE EN +

➔ Vous pouvez aussi servir le baba au rhum avec de la crème fouettée.

AVEC UN MIX...

Conservez la poudre d'amandes pour donner du goût au gâteau. Comptez 35 g de poudre d'amandes + 240 g de mix pâtisserie sans gluten. Vérifiez si le mix contient déjà de la gomme (xanthane ou de guar) et/ou de la poudre à lever.

CAKE AU CITRON

« Idéal au goûter ou au petit déjeuner, ce cake très tendre et délicatement parfumé fond littéralement en bouche... De plus, il est très facile à préparer. »

QUANTITÉ ET DURÉES

Pour 6 personnes • Préparation : 20 min • Cuisson : 50 min.

INGRÉDIENTS

70 g de farine de riz demi-complet ; 15 g de farine de millet ; 60 g de fécule de maïs ; 85 g de poudre d'amandes ; ½ c. à c. de gomme xanthane ; 1,5 c. à c. de sel fin ; 2 c. à c. de poudre à lever ; 190 g de sucre de canne en poudre ; 170 g de beurre doux à température ambiante (+ 1 noix pour le moule) ; 4 œufs ; 1 c. à c. d'extrait de vanille ; 1 citron bio ou non traité.

MATÉRIEL SPÉCIFIQUE

Un moule à cake.

RECETTE

① Préchauffez le four à 165 °C (thermostat 5-6). Recouvrez l'intérieur d'un moule à cake de papier sulfurisé et beurrez-le très légèrement.
② Lavez et zestez le citron. Réservez.
③ Dans un saladier, mélangez les ingrédients secs à l'aide d'un petit fouet à vinaigrette : farines, fécule, poudre d'amandes, gomme xanthane, sel et poudre à lever. Réservez aussi.
④ Battez au robot, à vitesse moyenne, le beurre et le sucre jusqu'à obtenir une texture crémeuse. Baissez la vitesse du robot. À vitesse lente, incorporez les œufs, l'un après l'autre, en vous assurant qu'ils sont bien mélangés. Ajoutez la vanille et le zeste de citron.
⑤ Ajoutez doucement le mélange des ingrédients secs et continuez à mélanger jusqu'à obtenir une consistance homogène. Mais attention de ne pas trop mélanger, sinon le cake ne lèvera pas !
⑥ Versez la pâte dans le moule à cake. Enfournez et laissez cuire pour 50 minutes. Vérifiez la cuisson du cake en insérant une pique en bois en son centre : elle doit ressortir sèche.

⑦ Laissez tiédir le cake 10 minutes dans son moule, sur la porte ouverte du four éteint. Puis démoulez et laissez refroidir sur une grille. Attendez qu'il soit bien froid avant de le trancher.

L'ASTUCE EN +

➔ Vous pouvez remplacer le zeste de citron par le zeste d'une orange.

AVEC UN MIX...

Conservez la poudre d'amandes pour donner du goût et de la texture à votre cake. Comptez 85 g de poudre d'amandes + 145 g de mix pâtisserie sans gluten. N'oubliez pas de vérifier si votre mix contient déjà de la gomme (xanthane ou de guar) et/ou de la poudre à lever.

CAKE AUX DEUX CHOCOLATS

« Ce cake moelleux associe l'intensité du cacao au croquant des morceaux de chocolat. Une recette qui ne peut que plaire aux gourmands ! »

QUANTITÉ ET DURÉES

Pour 6 personnes • Préparation : 20 min • Cuisson : 1 heure.

INGRÉDIENTS

50 g de poudre d'amandes ; 40 g de farine de riz demi-complet ; 45 g de farine de millet ; 40 g de fécule de maïs (ou fécule de pomme de terre) ; ½ c. à c. de gomme xanthane ; 1 c. à c. de poudre à lever ; ½ c. à c. de sel

fin ; 30 g de poudre de cacao non sucré ; 190 g de sucre de canne blond en poudre ; 1 c. à c. d'extrait de vanille ; 4 œufs à température ambiante ; 210 g de beurre doux à température ambiante ; 150 g de pépites de chocolat noir.

MATÉRIEL SPÉCIFIQUE

Un moule à cake.

RECETTE

① Préchauffez le four à 180 °C (thermostat 6). Chemisez le moule à cake au moyen d'une feuille de papier sulfurisé et beurrez-le très légèrement.

② Dans un bol, mélangez les ingrédients secs à l'aide d'un petit fouet à vinaigrette : poudre d'amandes, farines, fécule, gomme xanthane, poudre à lever et sel. Ajoutez le cacao en poudre et mélangez à nouveau.

③ Mélangez au robot le beurre coupé en petits morceaux avec le sucre, pendant environ 5 minutes, jusqu'à obtenir une texture crémeuse. N'hésitez pas à racler les bords du bol avec une spatule. Ajoutez l'extrait de vanille et remuez.

④ Ajoutez les œufs un par un, en vous assurant qu'ils sont bien incorporés. Ajoutez ensuite les ingrédients secs en mélangeant à vitesse lente.

⑤ Incorporez les pépites de chocolat (gardez-en une poignée pour décorer le dessus du cake avant cuisson) et mélangez rapidement. Versez la pâte dans le moule.

⑥ Enfournez et laissez cuire 1 heure. Vérifiez la cuisson du cake en plantant une pique en bois en son cœur : il est cuit si elle ressort sèche.

⑦ Laissez tiédir le cake durant 15 minutes dans son moule, puis démoulez-le et laissez-le refroidir sur une grille. Attendez qu'il soit bien froid avant de le trancher.

LES ASTUCES EN +

- Cette recette sera encore meilleure si vous remplacez les pépites de chocolat par des copeaux de chocolat noir, car les morceaux seront plus gros. Utilisez une plaquette de chocolat noir à pâtisser et hachez-la avec un couteau à pain.
- Quand vous chemisez le moule, assurez-vous que la feuille de papier sulfurisé est plus haute que les bords. Pour démouler le cake, il suffira de tirer sur les bords du papier.

AVEC UN MIX...

Gardez la poudre d'amandes pour donner du goût et de la texture à votre cake. Comptez 50 g de poudre d'amandes + 125 g de mix pâtisserie. Vérifiez s'il contient déjà de la gomme (xanthane ou de guar) et/ou de la poudre à lever.

GÂTEAU AU CHOCOLAT DE CHARLOTTE

« C'est mon amie Charlotte qui m'a, pour la première fois, fait goûter ce gâteau à l'occasion de mon anniversaire. Depuis, je le prépare très souvent, car il est riche en chocolat, très léger, et surtout facile et rapide à cuisiner, avec peu d'ingrédients. »

QUANTITÉ ET DURÉES

Pour 6 personnes • Préparation : 10 min • Cuisson : 25 min.

INGRÉDIENTS

40 g de fécule de maïs ; 120 g de beurre doux (+ 1 noix pour le moule) ;
105 g de chocolat noir à pâtisser ; 10 petits œufs ou 9 œufs moyens ;
125 g de sucre blanc en poudre fin.

MATÉRIEL SPÉCIFIQUE

Un moule rond de 24,5 cm de diamètre.

RECETTE

① Préchauffez le four à 180 °C (thermostat 6). Beurrez le moule.
② Faites fondre le beurre et le chocolat cassé en morceaux au bain-marie. Réservez.

③ Séparez les blancs d'œufs des jaunes. Battez les blancs en neige ferme.
④ Battez les jaunes à l'aide d'un fouet en incorporant doucement le sucre, pendant 3 minutes environ, jusqu'à ce que le mélange soit mousseux.
⑤ Versez les jaunes dans les blancs en neige et incorporez-les délicatement à l'aide d'une spatule, en tournant toujours dans le même sens pour ne pas casser les blancs. Ajoutez le mélange beurre-chocolat et continuez de mélanger délicatement.
⑥ En continuant de mélanger, toujours dans le même sens, ajoutez la fécule tamisée.
⑦ Versez la pâte dans le moule, puis enfournez et laissez cuire durant 25 minutes.
⑧ Laissez le gâteau reposer 10 minutes avant de le démouler.

LES ASTUCES EN +

- Charlotte n'utilise pas le bain-marie. Sa technique : elle dépose dans un plat qui va au four le chocolat et le beurre et les fait fondre quelques minutes au four pendant que ce dernier préchauffe.
- Dans cette recette, le sucre blanc est préférable au sucre de canne blond (c'est d'ailleurs la seule de ce livre où on utilise du sucre blanc !). En effet, le sucre de canne en poudre est un peu trop lourd, même dissous dans les jaunes d'œufs, pour se mélanger correctement avec les blancs en neige.
- Une fois que le gâteau est bien froid, vous pouvez le saupoudrer de sucre glace.

GÂTEAU AU YAOURT ET AU CITRON

« J'adore la texture moelleuse et bien gonflée de ce gâteau au bon goût de citron, très simple à préparer. La poudre d'amandes permet de diminuer la dose habituelle de beurre, et de préserver son moelleux plusieurs jours durant. »

QUANTITÉ ET DURÉES

Pour 6 personnes • Préparation : 20 min • Cuisson : 40 à 50 min.

INGRÉDIENTS

130 g de poudre d'amandes ; 135 g de farine de riz demi-complet (+ 2 c. à s. pour le moule) ; ½ c. à c. de poudre à lever ; ½ c. à c. de bicarbonate de sodium ; 1 pincée de sel fin ; 200 g de sucre de canne blond ; 5 œufs ; 115 g de beurre doux à température ambiante (+ 1 noix pour le moule) ; 125 ml de yaourt entier nature ; 1 citron bio ou non traité ; 1 c. à c. d'extrait de vanille liquide.

RECETTE

① Préchauffez le four à 175 °C (thermostat 6).

② Dans un grand bol, mélangez les ingrédients secs à l'aide d'un petit fouet à vinaigrette : poudre d'amandes, farine, poudre à lever, bicarbonate, sel et sucre. Réservez.

③ Lavez et zestez le citron. Pressez-le pour obtenir 30 ml de jus. Réservez également.

④ Dans le bol du robot, battez les œufs jusqu'à obtenir une couleur jaune pâle. Ajoutez le beurre coupé en morceaux, puis le yaourt et la vanille, afin d'obtenir une consistance homogène. Mettez-y le zeste et le jus de citron. Battez à nouveau.

⑤ Ajoutez progressivement le mélange des ingrédients secs en battant à vitesse lente. Puis mélangez le tout à vitesse moyenne/forte pendant 2 minutes.

⑥ Versez la pâte dans un moule préalablement garni d'une feuille de papier sulfurisé puis beurré et fariné. Enfournez pour 40 à 50 minutes. Le gâteau est cuit quand une pique en bois introduite en son cœur ressort sèche.
⑦ Laissez le gâteau refroidir 10 minutes sur la porte ouverte du four éteint, puis démoulez-le et laissez-le refroidir complètement sur une grille.

L'ASTUCE EN +

➲ Vous pouvez remplacer le zeste et le jus de citron par du zeste et du jus d'orange. Pour les gourmands, vous pouvez aussi ajouter un peu de chocolat râpé dans la préparation.

GÂTEAU D'ANNIVERSAIRE À DEUX ÉTAGES

« Cette génoise à deux étages peut être garnie, comme ici, avec des fraises et de la crème fouettée, ou bien glacée avec de la crème au beurre (voir la variante en fin de recette). À vous ensuite de le décorer comme bon vous semble, en fonction de votre inspiration du moment… »

QUANTITÉ ET DURÉES

Pour 8 personnes • Préparation : 45 min • Cuisson : 30 min.

INGRÉDIENTS

4 œufs (220 g – voir encadré ci-après) ; 70 g de farine de riz demi-complet (+ 2 c. à s. pour les moules) ; 60 g de farine de millet ; 90 g de fécule de maïs (ou de pomme de terre) ; ¾ de c. à c. de gomme xanthane ; 1,5 c. à c.

de poudre à lever ; 220 g de sucre de canne blond en poudre ; 220 g de margarine (+ 1 noix pour les moules) ; 1 petit citron bio ou non traité.

POUR LA GARNITURE

400 g de fraises ; 2 c. à c. de confiture de fraise ; 25 cl de crème fleurette allégée, très froide ; 7 c. à s. de sucre glace ; 1 c. à c. d'extrait de vanille.

MATÉRIEL SPÉCIFIQUE

Deux moules de 20 cm de diamètre.

RECETTE

① Préchauffez le four à 180 °C (thermostat 6). Graissez les deux moules à la margarine. Déposez au fond de chaque moule une feuille de papier sulfurisé graissée. Farinez légèrement le tout.
② Lavez et zestez le citron.
③ Dans un saladier, mélangez les ingrédients secs à l'aide d'un petit fouet à vinaigrette : farines, fécule, gomme xanthane, poudre à lever et zeste de citron. Réservez.
④ Mélangez au robot la margarine et le sucre jusqu'à obtenir une texture crémeuse.
⑤ Ajoutez les œufs un par un en vous assurant qu'ils sont bien incorporés. Ajoutez ensuite les ingrédients secs et continuez de battre jusqu'à obtenir une pâte bien homogène. Répartissez la pâte dans les deux moules.
⑥ Enfournez et laissez cuire environ 20 à 25 minutes. Vérifiez la cuisson des gâteaux : une pique en bois plantée au centre de chaque gâteau doit ressortir sèche.
⑦ Laissez les gâteaux refroidir pendant 10 minutes, puis démoulez-les en les renversant. Retirez le papier sulfurisé, retournez-les et laissez-les refroidir pendant la préparation de la garniture qui suit.
⑧ Lavez et équeutez les fraises. Coupez-les en fines lamelles. Faites-les revenir dans une poêle avec la confiture pendant 5 à 8 minutes. Répartissez les fraises enrobées de confiture sur le dessus d'un des gâteaux. Laissez refroidir.
⑨ Préparez la crème fouettée : battez la crème fleurette très froide. Ajoutez la vanille puis, lorsqu'elle commence à monter en chantilly, ajoutez doucement 5 cuillères à soupe de sucre glace. Étalez généreusement la crème fouettée sur les fraises. Recouvrez avec le deuxième gâteau et saupoudrez le dessus du reste de sucre glace.

LES ASTUCES EN +

➔ Avant de commencer la recette, cassez vos œufs et pesez-les. Le secret d'une génoise légère et aérée est que tous les ingrédients aient le même poids : les œufs, la farine, le sucre et le beurre (ou la margarine). Adaptez donc le poids des différents ingrédients en fonction du poids de vos œufs.

➔ Dans cette recette, préférez la margarine au beurre, car elle apporte une texture plus légère au gâteau.

POUR LA VERSION GLACÉE À LA CRÈME AU BEURRE

Dans le bol du mixeur, versez 115 g de beurre doux à température ambiante et 200 g de sucre glace. Mixez jusqu'à obtenir une texture crémeuse. Ajoutez un colorant alimentaire de votre choix (facultatif) jusqu'à obtenir la couleur souhaitée. Si la texture est trop épaisse, versez 1 cuillère à soupe de lait. Réservez.

Recouvrez un plat de service avec quatre fines bandes de papier sulfurisé (cela permet de protéger le plat des éventuelles éclaboussures de glaçage). Posez le premier gâteau sur le plat de service, au milieu des quatre bandes de papier. Étalez 4 cuillères à soupe de confiture de fraise sur le dessus du gâteau. Posez le deuxième gâteau par-dessus. Recouvrez ensuite le dessus du gâteau ainsi que les côtés de glaçage à la crème au beurre. Décorez votre gâteau d'anniversaire comme vous le souhaitez, puis enlevez les feuilles de papier sulfurisé. Votre gâteau d'anniversaire est prêt à être servi.

TARTE AUX POMMES

« La tarte aux pommes est un classique de la cuisine familiale. La poudre d'amandes et le sucre à la cannelle enrichissent la saveur des fruits. À déguster froide ou tiède selon les goûts. »

QUANTITÉ ET DURÉES

Pour 6 à 8 personnes • Préparation : 25 min • Attente : 1 heure • Cuisson : 45 min.

INGRÉDIENTS

1 pâte sablée sucrée (voir recette p. 120) ; 6 belles pommes ; 45 g de poudre d'amandes ; 1 c. à c. de sucre de canne blond en poudre ; 1 c. à s. de farine de riz blanc (pour le moule) ; 10 g de beurre doux froid (+ 1 noix pour le moule) ; ½ c. à c. de cannelle en poudre.

RECETTE

① Préparez la pâte sablée sucrée selon les indications de la page 120 et placez-la au réfrigérateur pour 1 heure.
② Préchauffez le four à 180 °C (thermostat 6).
③ Pelez et épépinez les pommes. Coupez-les en fines lamelles. Mélangez le sucre et la cannelle. Faites fondre le beurre.
④ Étalez la pâte entre deux feuilles de film alimentaire en formant un grand cercle. Déposez-la dans un moule à tarte (si possible avec un fond amovible) beurré et fariné. Coupez les bords de pâte qui dépassent.
⑤ Étalez sur le fond de tarte la poudre d'amandes. Répartissez les lamelles de pommes en cercle. Badigeonnez les fruits et les bords de la pâte de beurre fondu à l'aide d'un pinceau et saupoudrez les fruits du mélange sucre-cannelle.
⑥ Enfournez et laissez cuire durant 45 minutes en tournant la tarte toutes les 15 minutes pour que les fruits dorent uniformément. Servez tiède.

L'ASTUCE EN +

➲ Si, au bout de 30 minutes de cuisson, les pommes sont déjà bien dorées, posez sur la tarte une feuille de papier sulfurisé pour éviter qu'elles ne noircissent.

AVEC UN MIX...

Conservez la poudre d'amandes pour donner du goût à la pâte. Comptez dans ce cas 30 g de poudre d'amandes + 115 g de mix pâtisserie sans gluten. Pensez à vérifier si votre mix contient déjà de la gomme (xanthane ou de guar).
En revanche, il ne doit pas contenir de poudre à lever !

PARTIE 3

Mes recettes sans gluten à chaque saison

Dans la suite de cet ouvrage, nous vous proposons une multitude de recettes adaptées à chaque saison de l'année : salé comme sucré, vous trouverez de quoi cuisiner sans gluten et avec des produits de saison en toute circonstance et à chaque instant !

Retrouvez également page 244 nos idées de menus pour toute l'année !

L'ASTUCE EN +

➔ Retrouvez nos conseils sur l'utilisation des mix de farines sans gluten p. 51, ainsi qu'à la fin de nos recettes.

LES RECETTES DE PRINTEMPS

CAKE AU JAMBON ET AUX OLIVES

« La texture de ce cake salé est vraiment agréable. Riche en ingrédients (parmesan, lardons, jambon, olives...), il est très goûteux. Parfait pour un dîner léger, accompagné d'une salade verte. »

QUANTITÉ ET DURÉES

Pour 6 personnes • Préparation : 20 min • Cuisson : 40 min.

INGRÉDIENTS

60 g de farine de riz demi-complet ; 60 g de farine de millet ; 80 g de fécule (maïs ou pomme de terre) ; ¾ de c. à c. de gomme xanthane ; 1 c. à c. de poudre à lever ; 1 c. à c. de sel fin ; 3 œufs ; 25 cl de crème fluide entière (à température ambiante) ; 3 c. à s. d'huile d'olive ; 50 g de parmesan râpé ; 70 g de lardons ; 115 g de jambon blanc (une tranche épaisse de 0,5 cm) ; 100 g d'olives vertes dénoyautées.

MATÉRIEL SPÉCIFIQUE

Un moule à cake.

RECETTE

① Préchauffez le four à 180 °C (thermostat 6). Chemisez un moule à cake avec une feuille de papier sulfurisé.
② Dans un saladier, mélangez les ingrédients secs à l'aide d'un petit fouet à vinaigrette : farines, fécule, gomme xanthane, poudre à lever et sel fin. Réservez.
③ Coupez les olives en quatre. Détaillez le jambon blanc en dés.
④ Dans une poêle antiadhésive, sans ajouter de matière grasse, faites revenir les lardons et le jambon blanc pendant 5 minutes. Réservez.
⑤ Dans un grand saladier, battez les œufs à la fourchette. Ajoutez la crème fluide et l'huile d'olive. Mélangez à l'aide d'un fouet. Ajoutez ensuite le parmesan et mélangez. Mettez-y les lardons, les olives coupées et les dés de jambon. Mélangez à nouveau.
⑥ Ajoutez enfin les ingrédients secs et mélangez bien la préparation à l'aide du fouet.

⑦ Versez la pâte dans le moule à cake. Enfournez et laissez cuire 35 minutes environ. Le cake doit avoir une belle couleur dorée. Pour vérifier sa cuisson, plantez une pique en bois en son centre : si elle ressort sèche, le cake est cuit.

⑧ Sortez le cake du four et attendez 10 minutes avant de le démouler. Retirez délicatement le papier sulfurisé et laissez le cake refroidir sur une grille avant de le trancher.

L'ASTUCE EN +

➜ Vous pouvez aussi faire cuire la pâte dans des petits moules individuels à muffins. Dans ce cas, réduisez le temps de cuisson à 15-20 minutes.

CUPCAKES AU CHOCOLAT POUR PÂQUES

« Ces cupcakes sont tellement bons que vous pouvez les manger toute l'année, et pas uniquement à Pâques ! »

QUANTITÉ ET DURÉES

Pour 12 cupcakes • Préparation : 25 min • Cuisson : 20 min.

INGRÉDIENTS

25 g de farine de millet ; 25 g de farine de riz demi-complet ; 45 g de fécule de maïs ; ½ c. à c. de gomme xanthane ; 1 c. à c. de poudre à lever ; ½ c. à c. de bicarbonate de sodium ; ¼ de c. à c. de sel fin ; 140 g de sucre de canne blond ; 45 g de cacao en poudre ; 45 g de beurre doux fondu ; 80 ml de crème fleurette allégée ; 2 œufs.

POUR LE GLAÇAGE

200 g de chocolat noir à pâtisser ; 40 g de beurre doux ; 12 petits œufs en chocolat sans gluten.

MATÉRIEL SPÉCIFIQUE

Une plaque de 12 moules à muffins ; 12 caissettes en papier.

RECETTE

① Préchauffez le four à 180 °C (thermostat 6). Garnissez les moules à muffins de caissettes en papier.

② Dans un grand bol, mélangez les ingrédients secs à l'aide d'un fouet à vinaigrette : farines, fécule, gomme xanthane, poudre à lever, bicarbonate, sel et sucre. Réservez.

③ Dans le bol d'un robot, mélangez le cacao en poudre avec environ 4 à 5 cuillères à soupe d'eau tiède. Versez le beurre fondu, la crème fleurette et les œufs. Remuez jusqu'à obtenir une texture crémeuse. Ajoutez ensuite les ingrédients secs et mélangez.

④ Versez la pâte dans les moules. Enfournez et laissez cuire 20 minutes environ. Vérifiez la cuisson en plantant une pique en bois dans l'un des cupcakes : elle doit ressortir sèche.

⑤ Préparez le glaçage. Faites fondre au bain-marie 100 g de chocolat noir à pâtisser coupé en morceaux avec le beurre jusqu'à ce que la consistance soit crémeuse. Étalez sur les cupcakes une couche de chocolat fondu à l'aide d'une spatule.

⑥ Râpez immédiatement sur le dessus le reste du chocolat à pâtisser, à l'aide de l'économe, pour former le « nid ». Décorez avec les petits œufs en chocolat.

LES ASTUCES EN +

- Vous pouvez remplacer les œufs en chocolat par des M&M's à la cacahuète (qui sont sans gluten).
- Pour un joli contraste de couleurs, vous pouvez également remplacer le chocolat noir râpé qui décore le « nid » par des copeaux de noix de coco.

GÂTEAU AMANDES, MILLET ET FRAISES

« Épais et moelleux, ce gâteau peut se préparer avec de nombreux autres fruits. »

QUANTITÉ ET DURÉES

Pour 6 à 8 personnes • Préparation : 30 min • Cuisson : 45 min.

INGRÉDIENTS

90 g de poudre d'amandes ; 100 g de farine de millet ; 1 c. à c. de poudre à lever ; ½ c. à c. de bicarbonate de sodium ; 1 pincée de sel fin ; 60 g de beurre doux à température ambiante (+ 1 noix pour le moule) ; 80 g de sucre de canne blond ; 1 c. à c. d'extrait de vanille liquide ; 2 œufs ; 150 ml de crème fleurette allégée ; 300 g de fraises ; 1 c. à s. de sucre glace.

MATÉRIEL SPÉCIFIQUE

Un moule à gâteau de 22 cm de diamètre.

RECETTE

① Préchauffez le four à 210 °C (thermostat 7). Beurrez le moule à gâteau. Posez au fond une feuille de papier sulfurisé coupée en rond et beurrez-la.

② Lavez et équeutez les fraises. Réservez-en cinq, que vous couperez en fines lamelles (pour la décoration). Détaillez les autres en petits morceaux. Réservez.

③ Dans un bol, mélangez les ingrédients secs à l'aide d'un petit fouet à vinaigrette : poudre d'amandes, farine, poudre à lever, bicarbonate et sel. Réservez aussi.

④ Mixez le beurre au robot jusqu'à ce qu'il soit crémeux. Incorporez doucement le sucre et la vanille, et continuez de mélanger jusqu'à obtenir une consistance crémeuse.

⑤ Ajoutez les œufs un par un (pensez à racler les bords du bol entre chaque incorporation). Ajoutez ensuite le mélange des ingrédients secs et remuez.

⑥ Versez la crème fleurette. Battez doucement jusqu'à ce qu'elle soit bien incorporée, mais ne mélangez pas trop longtemps. Ajoutez ensuite les morceaux de fraises. Remuez à l'aide d'une spatule et versez dans le moule. Décorez le dessus du gâteau avec les fraises coupées en fines lamelles.

⑦ Enfournez et laissez cuire entre 40 et 45 minutes. Vérifiez la cuisson du gâteau en plantant une pique en bois en son centre : elle doit ressortir sèche.

⑧ Laissez le gâteau reposer 5 minutes dans son moule, puis démoulez-le en le retournant. Enlevez la feuille de papier sulfurisé, et retournez-le à nouveau pour le déposer sur le plat de service. Laissez le gâteau refroidir complètement. Au moment de servir, saupoudrez-le de sucre glace.

LES ASTUCES EN +

➲ Si vous choisissez un moule plus large, n'oubliez pas de réduire le temps de cuisson (car le gâteau sera moins épais).
➲ Avant de servir, vous pouvez décorer votre gâteau de fraises fraîches entières.

GNOCCHIS

« Cette spécialité permet de profiter de la cuisine italienne, même si vous mangez sans gluten. Vous pouvez accompagner vos gnocchis de toutes les bonnes sauces habituellement présentées avec les plats de pâtes. »

QUANTITÉ ET DURÉES

Pour 4 personnes • Préparation : 25 min • Cuisson : 35 min.

INGRÉDIENTS

1 kg de pommes de terre à chair farineuse (binjte, monalisa, estima, agria, russet...) ; 115 g de farine de riz (+ 3 c. à s. pour la plaque de cuisson) ; 80 g de fécule de pomme de terre ; 2 œufs ; 1 pincée de sel fin.

MATÉRIEL SPÉCIFIQUE

Un presse-purée manuel ; une marmite ; une écumoire.

RECETTE

① Lavez les pommes de terre et faites-les cuire dans un grand volume d'eau salée, en démarrant à froid, pendant 20 à 30 minutes selon leur taille.

② Mélangez la farine et la fécule à l'aide d'un petit fouet à vinaigrette. Réservez.

③ Battez légèrement les œufs à la fourchette avec la pincée de sel fin. Réservez aussi.

④ Une fois que les pommes de terre sont cuites, pelez-les et écrasez-les avec un presse-purée manuel, sur un plan de travail propre et fariné ou dans un grand plat. (N'utilisez surtout pas de mixeur : cela ferait ressortir l'amidon des pommes de terre et la purée deviendrait collante.)

⑤ Creusez un puits au milieu de la purée de pommes de terre et mettez-y le mélange farine + fécule en le saupoudrant. Réalisez un nouveau puits et ajoutez les œufs battus. Commencez à travailler la pâte à l'aide d'une fourchette puis, très vite, utilisez vos mains. Une fois que tous les ingrédients sont bien incorporés, mettez la pâte en boule. Travaillez-la encore 4 minutes environ jusqu'à ce qu'elle soit sèche. Divisez la boule de pâte en quatre, puis chaque boule encore en deux afin d'en obtenir huit au total.

⑥ Farinez vos mains et roulez chaque boule entre vos paumes afin de former des petits boudins de pâte. Dedans, détaillez des gnocchis d'environ 2,5 cm de long. Roulez chaque gnocchi sur les dents d'une fourchette pour le strier.

⑦ Déposez les gnocchis ainsi formés sur une plaque de cuisson légèrement farinée en attendant de les cuire.

⑧ Faites bouillir une marmite profonde remplie d'eau salée. Versez les gnocchis dans l'eau bouillante. Dès qu'ils remontent à la surface (environ 2 à 3 minutes après), retirez-les avec une écumoire. Servez-les avec votre sauce préférée.

L'ASTUCE EN +

➔ Vous pouvez accompagner vos gnocchis de la sauce de votre choix : pesto, sauce à la tomate « basique », sauce à la tomate et aux aubergines...

MACARONS

« Très faciles à réaliser (si on respecte à la lettre les règles d'or, voir encadré ci-après), ces macarons peuvent être garnis de mille et une façons : confiture, crème au beurre, pâte à tartiner, caramel au beurre salé... »

QUANTITÉ ET DURÉES

Pour env. 20 macarons • Préparation : 25 min • Attente : 40 min • Cuisson : 2 x 13 min.

INGRÉDIENTS

120 g de poudre d'amandes ; 120 g de sucre glace ; 4 blancs d'œufs (105 g) ; 135 g de sucre de canne blond ; env. 10-12 c. à s. de confiture de fraise (par exemple).

MATÉRIEL SPÉCIFIQUE

Une poche à pâtisserie (avec douille lisse).

RECETTE

① La veille, séparez les blancs des jaunes d'œufs. Pesez 105 g de blancs d'œufs et réservez-les au frais.
② Le lendemain, dans un grand bol, tamisez la poudre d'amandes et le sucre glace.
③ Dans un autre bol, au bain-marie, versez les blancs d'œufs et mélangez-les à l'aide d'un fouet jusqu'à ce qu'ils deviennent blancs et mousseux (moins de 1 minute). Battez-les ensuite en neige. Lorsqu'ils commencent à prendre, ajoutez doucement le sucre de canne.
④ Versez la meringue obtenue en trois fois dans le mélange poudre d'amandes-sucre glace, en tournant toujours dans le même sens.
⑤ Placez la pâte dans la poche à pâtisserie. Tenez la douille bien droite et formez des petits cercles de pâte sur deux plaques recouvertes de papier sulfurisé. Une fois que les macarons (en nombre pair) sont prêts, tapez les plaques d'un coup sec sur le plan de travail : cela permet aux bulles d'air de s'échapper de la pâte. Laissez « croûter » les macarons 40 minutes dans une pièce sèche.
⑥ Pendant ce temps, préchauffez le four à 150 °C (thermostat 5). Une fois qu'il est chaud, enfournez la première plaque de macarons et laissez cuire durant 13 minutes. Faites de même avec la deuxième plaque.
⑦ Une fois que les macarons sont cuits, retirez-les tout de suite du papier sulfurisé à l'aide d'une spatule plate et déposez-les sur une grille, à l'envers. Laissez-les complètement refroidir avant de les garnir de confiture de fraise et de les assembler deux par deux.

LES ASTUCES EN +

➔ Pour réussir à coup sûr vos macarons, il existe quelques petits secrets. Pensez à bien séparer vos blancs de vos jaunes d'œufs la veille : cela permet de faire « vieillir » les blancs. Veillez également à ce que votre cuisine ne soit pas humide : évitez de faire chauffer de l'eau ou de cuire des légumes à la vapeur pendant ce temps ! Et n'oubliez pas de respecter à la lettre le temps de séchage (ou « croûtage ») des macarons avant cuisson.

➲ Si vous voulez colorer vos macarons, incorporez quelques gouttes de colorant dans les blancs d'œufs avant de les monter en neige. Utilisez bien sûr un colorant sans gluten – celui de la marque anglaise PME est certifié sans gluten (en vente sur Internet).
➲ Ne jetez pas les jaunes d'œufs restants ! Rendez-vous page XX pour savoir comment les utiliser.

MUFFINS À LA BANANE ET À LA FRAISE

« Parfaits pour les brunchs d'été, ces muffins sont à la fois moelleux et parfumés. »

QUANTITÉ ET DURÉES

Pour 12 muffins • Préparation : 30 min • Cuisson : 25 min.

INGRÉDIENTS

80 g de farine de riz demi-complet ; 80 g de farine de millet ; 85 g de poudre d'amandes ; 40 g de fécule de pomme de terre ; 1 c. à c. de gomme xanthane ; ½ c. à c. de sel fin ; 1 c. à s. de poudre à lever ; 1 c. à c. de cannelle en poudre ; 2 bananes bien mûres ; 250 g de fraises ; 80 ml d'huile végétale neutre (colza ou pépins de raisin) ; 80 ml de lait demi-écrémé (ou lait végétal) ; 75 g de sucre brun ; 2 œufs ; 2 c. à c. d'extrait de vanille liquide.

MATÉRIEL SPÉCIFIQUE

Une plaque de 12 moules à muffins ; 12 caissettes en papier.

RECETTE

① Préchauffez le four à 180 °C (thermostat 6). Garnissez les moules avec des caissettes en papier.

② Lavez, équeutez et coupez les fraises en morceaux. Dans un bol à part, gardez 3 petits morceaux de fraises pour décorer chaque muffin (soit 36 petits morceaux). Réservez le tout.

③ Dans un bol, mélangez les ingrédients secs à l'aide d'un petit fouet à vinaigrette : farines, fécule, poudre d'amandes, gomme xanthane, sel, poudre à lever et cannelle. Réservez.

④ Pelez les bananes et écrasez-les grossièrement à l'aide d'une fourchette. Placez-les dans le bol du robot et ajoutez les ingrédients humides : huile, lait et extrait de vanille. Mélangez bien. Ajoutez le sucre brun, puis les œufs un par un. N'hésitez pas à racler les bords du bol à l'aide d'une spatule en silicone entre chaque incorporation.

⑤ Versez dans cette préparation le mélange des ingrédients secs. Si la pâte semble trop épaisse, ajoutez 1 cuillère à soupe de lait.

⑥ Ajoutez ensuite les fraises en morceaux (ne prenez pas celles de la décoration !). Mélangez délicatement à l'aide d'une spatule en silicone.

⑦ Versez la pâte dans les moules. Décorez chaque muffin avec 3 petits morceaux de fraises. Enfournez et laissez cuire 25 minutes environ. Vérifiez la cuisson des muffins : une pique en bois plantée au centre de l'un d'eux doit ressortir sèche.

⑧ Laissez les muffins refroidir 5 minutes, puis démoulez-les et laissez-les refroidir complètement sur une grille.

L'ASTUCE EN +

- Pour une recette sans lactose, vous pouvez remplacer le lait de vache par un lait végétal. Le lait d'amandes est un excellent choix.

AVEC UN MIX...

Conservez la poudre d'amandes pour donner du goût et de la texture à la pâte. Comptez 85 g de poudre d'amandes + 200 g de mix pâtisserie sans gluten. Vérifiez si le mix contient déjà de la gomme (xanthane ou de guar) et/ou de la poudre à lever.

ROULEAUX DE PRINTEMPS

« Voilà une recette très fraîche et facile à préparer, idéale quand il fait chaud. Vous pouvez réaliser vos rouleaux avec les ingrédients de votre choix. »

QUANTITÉ ET DURÉES

Pour 12 rouleaux • Préparation : 25 min • Cuisson : 4 min.

INGRÉDIENTS

12 feuilles de riz ; 12 feuilles de salade (laitue, par exemple) ; 140 g de nouilles fines (vermicelles) de riz ; 450 g de crevettes cuites ; 1 concombre ; 1 carotte ; 1 petit bouquet de coriandre ; 1 petit bouquet de menthe ; 200 g de jeunes pousses de soja.

RECETTE

① Disposez les nouilles de riz dans un grand saladier et couvrez-les d'eau bouillante. Laissez-les reposer le temps indiqué sur le paquet (généralement 4 minutes, mais chaque marque a son propre temps de cuisson). Une fois qu'elles sont cuites, rincez-les immédiatement sous l'eau froide pour retirer l'amidon et éviter qu'elles ne collent. Coupez-les en tronçons d'environ 5 cm. Réservez.

② Pelez le concombre et la carotte, et coupez-les en très fines lamelles, comme des allumettes. Lavez, séchez et effeuillez la coriandre ; lavez, séchez et ciselez la menthe. Rincez les pousses de soja. Réservez le tout.

③ Décortiquez les crevettes et coupez-les en deux dans la longueur.

④ Remplissez un grand moule à tarte d'eau tiède. Plongez une feuille de riz dans l'eau pendant 10 secondes environ. Une fois qu'elle est ramollie, déposez-la sur un linge propre. Puis retournez-la.

⑤ Garnissez la partie inférieure de la feuille de riz en commençant par les crevettes, côté dos vers l'extérieur (ainsi, une fois le rouleau de printemps façonné, on voit le dos des crevettes à travers la feuille de riz). Répartissez ensuite les feuilles de coriandre et de menthe. Ajoutez la feuille de salade, les lamelles de concombre et de carotte, les jeunes pousses de soja et enfin les vermicelles de riz. Rabattez les deux côtés de la feuille de riz sur 2 cm environ, puis roulez la feuille de riz et sa garniture en serrant très fort.

⑥ Renouvelez l'opération pour les autres rouleaux de printemps. Servez bien frais.

LES ASTUCES EN +

- Vous pouvez remplacer les crevettes par du blanc de poulet.
- Pour relever la recette, vous pouvez ajouter quelques rondelles de petit piment vert. Ou bien, pour une recette plus douce, quelques lamelles de mangue...
- Accompagnez vos rouleaux d'une petite sauce maison : mélangez 125 ml de sauce soja tamari + 60 ml de vinaigre de riz + 1 c. à c. d'huile de sésame + 2 c. à c. de sucre de canne blond + 2 c. à c. de gingembre fraîchement râpé + 1 tige d'échalote fraîche émincée + 2 gousses d'ail hachées.

SALADE DE SOBAS ESTIVALE

« Délicieuses chaudes comme froides, les sobas permettent de préparer de délicieuses salades avec tous les bons légumes frais de la saison... »

QUANTITÉ ET DURÉES

Pour 2 personnes • Préparation : 15 min • Cuisson : 12 min.

INGRÉDIENTS

250 g de nouilles sobas 100 % sarrasin ; 2 carottes ; ½ poivron ; ½ concombre ; 1 avocat ; 200 g d'edamames (fraîches ou surgelées) ; 2 tiges d'échalotes ; ½ bouquet de coriandre ; 6 c. à s. de vinaigre de riz ; 1 c. à s. de

sirop d'agave ; 2 c. à s. d'huile de sésame ; 1 c. à s. d'huile de noix ; ½ gousse d'ail ; 1,5 c. à s. de sauce tamari ; 1 c. à s. de jus de citron vert ; 1 c. à s. de gingembre frais râpé.

RECETTE

① Pelez et hachez l'ail. Dans un petit bol, mélangez le vinaigre, le sirop d'agave, l'huile de sésame, l'huile de noix, l'ail émincé, le tamari, le jus de citron vert et le gingembre. Réservez.
② Faites cuire les nouilles sobas dans une grande quantité d'eau durant 5 à 6 minutes, en les remuant régulièrement pendant la cuisson. Égouttez-les et rincez-les à l'eau froide. Réservez.
③ Faites cuire les edamames à la vapeur, dans leurs cosses, pendant environ 6 minutes. Écossez-les, puis réservez aussi.
④ Pelez et râpez les carottes. Pelez, épépinez et détaillez le poivron et le concombre en fines lamelles. Pelez l'avocat, dénoyautez-le et coupez-le en fines lamelles. Lavez et effeuillez la coriandre. Rincez les tiges d'échalotes et coupez-les en fines lamelles.
⑤ Dans un large saladier, mélangez les légumes avec les tiges d'échalotes, la moitié des feuilles de coriandre et la moitié de la vinaigrette. Ajoutez les nouilles sobas et le reste de la vinaigrette. Mélangez avec les mains pour ne pas casser les nouilles. Servez parsemé du reste de coriandre.

LES ASTUCES EN +

- Les edamames sont des fèves de soja immatures. Vous pouvez en trouver fraîches sur certains marchés et dans les magasins bio, ou bien surgelées.
- Ajoutez un peu de sauce chili à la vinaigrette si vous aimez les plats épicés.

TABOULÉ AU QUINOA

« Voilà la recette du vrai taboulé libanais, revue et corrigée en version sans gluten avec du quinoa à la place du blé. »

QUANTITÉ ET DURÉES

Pour 4 personnes • Préparation : 15 min • Cuisson : 10 min • Attente : 2 heures.

INGRÉDIENTS

100 g de quinoa ; 3 tomates ; 3 petits oignons blancs ; 1 bouquet de menthe fraîche ; 1 bouquet de coriandre fraîche ; 1 bouquet de persil plat ; 3 c. à s. d'huile d'olive ; 1 citron ; sel, poivre du moulin.

RECETTE

① Rincez le quinoa et faites-le cuire 10 minutes dans un grand volume d'eau bouillante salée. Égouttez-le et passez-le sous l'eau froide.
② Lavez les tomates et coupez-les en tout petits dés. Pelez les petits oignons et hachez-les très finement. Rincez et ciselez la menthe, la coriandre et le persil. Pressez le citron.
③ Dans un saladier, mélangez le quinoa avec les dés de tomates, les oignons hachés et les herbes ciselées. Arrosez avec l'huile d'olive et le jus de citron. Salez et poivrez. Mélangez et réservez au frais au moins 2 heures.

LES ASTUCES EN +

- Vous pouvez remplacer le quinoa par de la « semoule » de chou-fleur. Pour cela, il suffit de râper ½ chou-fleur cru. Une recette fraîche et légère !
- N'hésitez pas à préparer votre taboulé la veille : il n'en sera que meilleur.

TARTE AUX COURGETTES ET AU FROMAGE DE CHÈVRE

« Cette tarte est très parfumée grâce au zeste de citron ajouté dans le fromage de chèvre. Et la farine de quinoa, présente dans la pâte, se marie très bien avec la courgette. »

QUANTITÉ ET DURÉES

Pour 6 personnes • Préparation : 20 min • Attente : 30 min • Cuisson : 45 min.

INGRÉDIENTS

1 pâte sablée salée au quinoa (voir recette p. 118) ; 5 courgettes moyennes ; 200 g de fromage de chèvre frais ; 4 brins de thym frais ; 2 c. à s. d'huile d'olive ; 2 c. à c. de zeste de citron ; 1 noix de beurre (pour le moule) ; 2 c. à c. de sel fin ; poivre.

MATÉRIEL SPÉCIFIQUE

Un pinceau de cuisine en silicone.

RECETTE

① Préparez la pâte sablée selon les indications de la page 118 et garnissez-en un moule à tarte beurré.
② Lavez et séchez les courgettes. Coupez-les en fines rondelles. Déposez-les dans un saladier et saupoudrez-les de 2 cuillères à café de sel fin. Mélangez et laissez dégorger durant 30 minutes.
③ Préchauffez le four à 210 °C (thermostat 7).
④ Videz l'eau du saladier et faites égoutter les courgettes sur un torchon propre. Couvrez-les d'un papier absorbant pour éponger le maximum d'eau.
⑤ Écrasez à la fourchette le fromage de chèvre et mélangez-le avec les brins de thym frais et le zeste de citron. Poivrez. Étalez cette préparation sur la pâte. Disposez les rondelles de courgettes en rangs serrés (car la courgette réduit à la cuisson). Badigeonnez-les d'huile d'olive.
⑥ Enfournez et faites cuire pendant environ 45 minutes.

L'ASTUCE EN +

➔ Pour un joli résultat, choisissez des courgettes de même diamètre : toutes vos rondelles seront ainsi de la même taille.

TARTE AUX FRAISES

« Un grand classique de la cuisine, facile à réaliser avec les bons fruits de saison. Vous pouvez aussi les présenter sous forme de tartelettes. »

QUANTITÉ ET DURÉES

Pour 8 personnes • Préparation : 25 min • Attente : 1 h 30 • Cuisson : 45 min.

INGRÉDIENTS

1 pâte sablée sucrée (voir recette p. 120) ; 1 c. à s. de farine de riz demi-complet (pour étaler la pâte) ; 450 g de fraises ; 2,5 c. à c. de fécule de maïs ; 80 g de sucre de canne blond en poudre ; 1 jaune d'œuf ; 15 g de beurre doux (+ 1 noix pour le moule).

MATÉRIEL SPÉCIFIQUE

Un pinceau de cuisine en silicone.

RECETTE

① Préparez la pâte sablée sucrée (voir recette p. 120) et laissez-la reposer au réfrigérateur pendant au moins 1 heure.

② Étalez la pâte à l'aide d'un rouleau à pâtisserie, entre deux feuilles de film alimentaire (une feuille farinée en dessous et une feuille au-dessus). Déposez-la dans le moule à tarte beurré. Piquez le fond avec une fourchette et laissez reposer au frais durant 30 minutes.

③ Préchauffez le four à 180 °C (thermostat 6).

④ Préparez les fraises : lavez-les, équeutez-les et coupez-les en fines lamelles. Mélangez-les avec la fécule de maïs et 60 g de sucre. Disposez les fraises sur le fond de tarte et saupoudrez avec le sucre restant et le beurre coupé en petits morceaux. Battez le jaune d'œuf avec 1 cuillère à soupe d'eau et badigeonnez-en les bords de la pâte.

⑤ Enfournez et laissez cuire 40 à 45 minutes. Transférez sur un plat de service et laissez refroidir.

LES ASTUCES EN +

- Utilisez de préférence un moule à fond amovible : cela simplifiera le démoulage.
- Pour un joli résultat, n'utilisez que les lamelles de fraises plates. Conservez les lamelles des extrémités (bombées) pour un autre usage, comme agrémenter une salade de fruits, un yaourt...
- Attention : les fraises réduisent à la cuisson, il faut donc les disposer en rangs serrés.
- Vous pouvez utiliser le blanc d'œuf restant pour réaliser le glaçage du pain rustique aux graines de cumin (voir p. XX). Si vous n'en avez pas besoin tout de suite, vous pouvez le congeler en le versant dans un bac à glaçons ou dans une toute petite boîte hermétique.

TARTE RUSTIQUE AUX BROCOLIS

« Une bonne idée pour se régaler avec des légumes riches en vitamines et minéraux ! »

QUANTITÉ ET DURÉES

Pour 6 personnes
Préparation : 15 min • Attente : 30 min • Cuisson : 38 min.

INGRÉDIENTS

1 pâte sablée salée au quinoa (voir recette p. 118) ; 1 œuf ; 2 petits brocolis ; 20 g de parmesan râpé ; 180 g de féta ; 2 c. à s. de farine de riz demi-complet (pour le papier sulfurisé).

RECETTE

① Préparez la pâte sablée salée (voir p. 118) et laissez-la reposer au réfrigérateur durant au moins 30 minutes. Pendant ce temps, préchauffez le four à 210 °C (thermostat 7).
② Détaillez les brocolis en bouquets et rincez-les. Faites-les blanchir 8 minutes dans une casserole d'eau bouillante, puis séchez-les dans du papier absorbant.
③ Étalez la pâte sur le plan de travail recouvert d'une feuille de papier sulfurisé farinée, en lui donnant la forme d'une large galette ronde.
④ Saupoudrez le centre de la pâte de parmesan râpé. Répartissez-les bouquets de brocolis. Ajoutez la féta émiettée.
⑤ Repliez les bords de la pâte sur 2 à 3 cm afin de lui donner un petit côté rustique. Badigeonnez les bords de la pâte avec de l'œuf battu pour lui donner une belle couleur.
⑥ Enfournez et laissez cuire 30 minutes. Servez chaud.

LES ASTUCES EN +

- Vous pouvez préparer la pâte à l'avance. Le jour même, il ne reste plus qu'à l'étaler, à la garnir et à la cuire.
- Pour une version plus « sophistiquée », vous pouvez bien sûr utiliser un moule à tarte.

LES RECETTES D'ÉTÉ

AMARETTI

« Ces macarons italiens sont traditionnellement sans gluten, car simplement réalisés à base de poudre d'amandes, de blancs d'œufs et de sucre. Ils sont parfaits pour accompagner le thé ou le café. »

QUANTITÉ ET DURÉES

Pour env. 30 biscuits • Préparation : 15 min • Cuisson : 15 min.

INGRÉDIENTS

125 g de poudre d'amandes ; 2 blancs d'œufs ; 120 g de sucre de canne blond en poudre.

MATÉRIEL SPÉCIFIQUE

Une poche à pâtisserie (avec douille simple).

RECETTE

① Préchauffez le four à 180 °C (thermostat 6).
② Battez les blancs en neige. Lorsqu'ils se tiennent, versez doucement le sucre puis la poudre d'amandes tamisée, tout en continuant à battre.
③ Versez le mélange dans une poche à pâtisserie avec une douille simple. Sur la plaque du four recouverte de papier sulfurisé, formez des petits ronds.
④ Enfournez et laissez cuire 15 minutes environ, en faisant une rotation de la plaque à mi-cuisson.
⑤ Laissez les macarons refroidir durant 5 minutes sur le papier sulfurisé, puis disposez-les sur une grille afin qu'ils refroidissent complètement.

LES ASTUCES EN +

➲ Pour renforcer l'arôme d'amande, vous pouvez ajouter ¼ de cuillère à café d'extrait d'amande ou 1 cuillère à soupe d'amaretto.
➲ Ne jetez pas les jaunes d'œufs restants : ils peuvent vous servir pour d'autres recettes (voir nos astuces p. 85).

CLAFOUTIS AUX CERISES

« Voilà une recette incontournable en été. Vous pouvez aussi le préparer à d'autres moments de l'année avec d'autres fruits : pommes, poires, abricots... »

QUANTITÉ ET DURÉES

Pour 6 personnes • Préparation : 15 min • Cuisson : 1 h 05.

INGRÉDIENTS

400 g de cerises ; 30 g de poudre d'amandes ; 15 g de farine de riz demi-complet ; 25 g de fécule de maïs ; 1 pincée de sel fin ; 70 ml de sirop d'érable ; 300 ml de lait demi-écrémé ; 4 œufs ; 1 c. à s. d'extrait de vanille liquide ; 1 c. à s. de sucre de canne blond en poudre ; 1 noix de beurre (pour le moule).

RECETTE

① Préchauffez le four à 180 °C (thermostat 6). Beurrez l'intérieur d'un moule et saupoudrez-le avec le sucre de canne.
② Lavez, équeutez et dénoyautez les cerises.
③ Dans un bol, mélangez les ingrédients secs à l'aide d'un petit fouet à vinaigrette : poudre d'amandes, farine, fécule et sel.
④ Dans un grand bol, battez les œufs et versez le lait, le sirop d'érable et la vanille. Ajoutez le mélange des ingrédients secs et remuez.
⑤ Versez ¼ de la préparation dans le moule et faites cuire 10 minutes ainsi. Disposez ensuite les cerises dans le moule et recouvrez avec le reste de la préparation. Faites cuire 50 à 55 minutes selon le four.

L'ASTUCE EN +

➲ Pour une version sans lactose, préparez ce clafoutis avec du lait d'amande.

AVEC UN MIX...

Conservez la poudre d'amandes pour donner du goût au gâteau. Comptez 30 g de poudre d'amandes + 40 g de mix pâtisserie sans gluten. Veillez à ce que le mix ne contienne ni gomme ni poudre à lever, car la recette n'en demande pas.

CUPCAKES AU CITRON VERT

« Ces cupcakes sont très tendres et très parfumés grâce à l'ajout de citron vert dans la pâte. Pour leur donner une petite touche exotique en plus, n'hésitez pas à enrichir la crème au beurre de quelques gouttes de tequila ! »

QUANTITÉ ET DURÉES

Pour 12 cupcakes • Préparation : 35 min • Cuisson : 20 min.

INGRÉDIENTS

70 g de farine de riz demi-complet ; 70 g de farine de millet ; 105 g de fécule de maïs (ou fécule de pomme de terre) ; 1 c. à c. de gomme xanthane ; 1,5 c. à c. de poudre à lever ; ½ c. à c. de bicarbonate de sodium ; ½ c. à c. de sel fin ; 200 g de sucre de canne blond en poudre ; 110 ml de crème fleurette allégée ; 110 g de beurre doux à température ambiante ; 2 œufs ; 2 c. à s. de jus de citron vert ; 2 c. à c. de zeste de citron vert.

POUR LA CRÈME AU BEURRE

225 g de beurre doux à température ambiante ; 2 c. à s. de crème fraîche épaisse ; 225 g de sucre glace ; 1 c. à c. de zeste de citron vert ; 2 c. à s. de jus de citron vert.

MATÉRIEL SPÉCIFIQUE

Une plaque de 12 moules à muffins ; 12 caissettes en papier ; une poche à douille.

RECETTE

① Préchauffez le four à 180 °C (thermostat 6). Disposez les caissettes en papier dans les moules à muffins.
② Dans un bol, mélangez les ingrédients secs à l'aide d'un petit fouet à vinaigrette : farines, fécule, gomme xanthane, poudre à lever, bicarbonate et sel. Réservez.
③ Mélangez le beurre au robot jusqu'à ce qu'il blanchisse et prenne une texture crémeuse. Raclez régulièrement les bords du bol avec une spatule en silicone. Ajoutez le sucre et le zeste de citron vert. Mélangez à nouveau pour obtenir, encore, une belle texture crémeuse. Versez ensuite les œufs l'un après l'autre, en vous assurant de la bonne incorporation de chacun.
④ Dans un bol, mélangez le jus de citron et la crème fleurette. Versez dans le bol du robot les ingrédients secs, en alternance avec le mélange crème-jus de citron (en commençant et en terminant par les ingrédients secs). Remuez jusqu'à obtenir une belle consistance crémeuse.
⑤ Versez la pâte dans les moules. Enfournez et laissez cuire 20 minutes. Laissez les cupcakes reposer 10 minutes dans le moule, sur la porte ouverte du four éteint. Puis démoulez-les et laissez-les complètement refroidir sur une grille.
⑥ Préparez la crème au beurre et au citron vert. Mélangez le beurre au robot. Lorsqu'il est crémeux, ajoutez la crème fraîche et continuez à mélanger. Versez doucement le sucre glace. Une fois qu'il est bien incorporé, ajoutez le zeste et le jus de citron. Battez le tout 3 minutes à la plus grande vitesse possible pour bien aérer la crème au beurre.
⑦ Placez la crème au beurre dans une poche à pâtisserie, avec la douille de décoration souhaitée, et décorez les cupcakes.

LES ASTUCES EN +

- Pour obtenir un maximum de jus de vos citrons verts, roulez-les fermement sur le plan de travail avant de les presser. Pour cette recette, comptez 3 citrons verts (pâte à cupcakes + crème au beurre).
- Si vous voulez parfumer votre crème au beurre avec de la tequila, comptez 2 cuillères à soupe. Attention : seule la tequila 100 % d'agave est sans gluten !
- Veillez à ce que vos cupcakes soient bien froids avant de les décorer avec la crème au beurre, sinon cette dernière fondra !
- Une fois que vos cupcakes sont glacés, vous pouvez les décorer avec du zeste de citron vert et/ou une fine lamelle de citron vert.

GALETTES DE COURGETTES

« Ces petites galettes rapides et faciles à faire sont parfaites à l'heure de l'apéro, coupées en quartiers, par exemple. Elles accompagnent aussi très bien une assiette de viande froide. »

QUANTITÉ ET DURÉES

Pour 12 à 15 galettes • Préparation : 15 min • Cuisson : 6 min par galette.

INGRÉDIENTS

70 g de farine de millet ; 35 g de fécule de maïs ; 2 c. à c. de poudre à lever ; 1,5 c. à c. de sel fin ; 3 courgettes ; 1 oignon ; 1 pomme de terre ; 3 œufs ; 2 c. à s. d'huile d'olive.

RECETTE

① Lavez les courgettes. Pelez la pomme de terre. Râpez finement les courgettes et la pomme de terre. Déposez-les dans un linge et pressez-les fermement, au-dessus d'un bol, pour faire ressortir le maximum d'eau. Réservez.

② Râpez l'oignon et réservez. Battez légèrement les œufs à la fourchette.

③ Dans un grand bol, mélangez la farine, la fécule, la poudre à lever, le sel, les œufs battus et l'oignon râpé. Ajoutez les courgettes et la pomme de terre râpées, et mélangez.

④ Faites chauffer un peu d'huile d'olive dans une poêle, déposez une louche de pâte et donnez-lui la forme d'une galette. Faites cuire environ 3 minutes par face, puis déposez-la sur une feuille de papier absorbant. Procédez de la même manière jusqu'à utilisation complète de la pâte. Servez tiède.

L'ASTUCE EN +

➔ Vous pouvez ajouter une pincée d'épices dans votre préparation, par exemple du curry, du cumin…

AVEC UN MIX…

Vous pouvez préparer cette recette avec un mix de farines sans gluten : comptez 105 g de mix pâtisserie. Attention, pas besoin de gomme (xanthane ou de guar) dans cette recette !
Vérifiez en revanche si votre mix contient déjà de la poudre à lever.

GÂTEAU À L'ABRICOT

« Rapide à cuisiner, ce gâteau nécessite peu d'ingrédients. La saveur de l'amande renforce celle des abricots frais. Un vrai délice ! »

QUANTITÉ ET DURÉES

Pour 6 à 8 personnes • Préparation : 15 min • Cuisson : 40 min.

INGRÉDIENTS

500 g d'abricots ; 190 g de poudre d'amandes ; 40 g de sucre glace (+ 2 c. à s. pour le moule et le gâteau) ; 75 g de beurre doux (+ 1 noix pour le moule) ; 3 œufs ; 70 ml de sirop d'agave ; 1 pincée de sel fin.

MATÉRIEL SPÉCIFIQUE

Un moule à fond amovible.

RECETTE

① Préchauffez le four à 180 °C (thermostat 6).
② Lavez les abricots. Coupez-les en deux puis dénoyautez-les. Recoupez-les en quartiers. Faites fondre le beurre. Battez les œufs à la fourchette.
③ Dans un grand bol, mélangez 40 g de sucre glace et le beurre fondu. Ajoutez la poudre d'amandes tamisée, le sel et mélangez encore. Versez ensuite les œufs battus et le sirop d'agave. Mélangez à nouveau.
④ Beurrez et saupoudrez le moule de 1 cuillère à soupe de sucre glace. Versez-y la préparation et disposez les quartiers d'abricots en cercle, en les enfonçant légèrement dans la pâte.
⑤ Faites cuire pendant 40 minutes en tournant le moule deux fois pour assurer une cuisson uniforme. Laissez refroidir 10 minutes avant de démouler. Saupoudrez le gâteau avec 1 cuillère à soupe de sucre glace avant de servir.

L'ASTUCE EN +

➔ N'oubliez pas de tamiser la poudre d'amandes, sinon elle risque de faire des grumeaux.

LANGUES-DE-CHAT

« Ces petits biscuits croustillants sont parfaits pour accompagner les sorbets et les salades de fruits de l'été... ».

QUANTITÉ ET DURÉES

Pour env. 36 biscuits • Préparation : 20 min • Cuisson : 15 min.

INGRÉDIENTS

60 g de farine de riz demi-complet ; 60 g de fécule de pomme de terre ; ½ c. à c. de poudre à lever ; 1 pincée de sel fin ; 65 g de sucre de canne blond en poudre ; 2 œufs ; ¼ de c. à c. d'extrait de vanille liquide ; 2 c. à s. de sucre glace.

MATÉRIEL SPÉCIFIQUE

Une poche à pâtisserie (avec douille simple).

RECETTE

① Préchauffez le four à 160 °C (thermostat 5-6).

② Dans un bol, mélangez les ingrédients secs à l'aide d'un petit fouet à vinaigrette : farine, fécule, poudre à lever et sel. Réservez.

③ Séparez les blancs des jaunes d'œufs. Montez les blancs en neige jusqu'à ce qu'ils se tiennent, puis versez doucement 30 g de sucre de canne. Continuez de battre jusqu'à ce que de petites vagues se forment.

④ Dans le bol du robot, mélangez les jaunes d'œufs avec le reste du sucre de canne et l'extrait de vanille, jusqu'à ce que le mélange soit crémeux et clair (environ 5 minutes).

⑤ Ajoutez-y un quart des œufs en neige. Mélangez délicatement à la spatule, en tournant toujours dans le même sens pour ne pas casser les blancs. Ajoutez ingrédients secs, et remuez délicatement. Versez ensuite le reste des blancs en neige en continuant de remuer.

⑥ Placez la pâte obtenue dans une poche à pâtisserie munie d'une douille simple. Formez des petites langues-de-chat sur la plaque du four recouverte de papier sulfurisé, espacées d'environ 3 cm. Saupoudrez de sucre glace et enfournez pour 15 minutes.

⑦ Laissez reposer les biscuits 5 minutes après cuisson, puis déposez-les sur une grille et laissez-les refroidir.

L'ASTUCE EN +

➔ Pour que vos langues-de-chat aient toutes la même taille, dessinez au revers du papier sulfurisé des traits de la longueur souhaitée.

AVEC UN MIX...

Vous pouvez remplacer la farine et la fécule par 120 g de mix pâtisserie sans gluten. Vérifiez s'il ne contient pas déjà de la poudre à lever.
En revanche, pas besoin de gomme dans cette recette !

PAIN AUX OLIVES ET TOMATES SÉCHÉES

« Ce pain est un délice en été pour accompagner l'apéritif, les antipasti, le fromage ou même en croûtons dans une salade ou un gaspacho. »

QUANTITÉ ET DURÉES

Pour 1 pain d'env. 600 g • Préparation : 25 min • Attente : 1 heure • Cuisson : 35 min.

INGRÉDIENTS

185 g de farine de riz demi-complet ; 75 g de farine de millet ; 160 g de fécule de maïs (ou fécule de pomme de terre) ; 65 g de poudre d'amandes ; 2 c. à c. de gomme xanthane ; 1,5 c. à c. de sel fin ; 7 g de levure boulangère ; 1 c. à c. de sucre brun ; 2 œufs ; 4 c. à s. d'huile d'olive ; 1 c. à c. de vinaigre de riz (ou de jus de citron) ; 70 g de tomates séchées ; 50 g d'olives noires dénoyautées ; 1 noix de beurre (pour le moule).

MATÉRIEL SPÉCIFIQUE

Un moule à pain (23 x 12,5 cm) ou un petit moule à cake.

RECETTE

① Dans un grand bol, mélangez les ingrédients secs à l'aide d'un petit fouet à vinaigrette : farines, fécule, poudre d'amandes, gomme xanthane et sel. Versez dans le bol du robot avec le pétrisseur (lame plastique).

② Dans un bol moyen, mélangez 300 ml d'eau à 43 °C avec le sucre et la levure boulangère. Laissez reposer 5 minutes.

③ Placez la levure dans les ingrédients secs et mélangez à vitesse moyenne. Ajoutez les œufs, 3 cuillères à soupe d'huile et le vinaigre, et mélangez toujours à vitesse moyenne. Puis battez durant 5 minutes à vitesse forte.

④ Détaillez les tomates séchées et les olives en dés. Ajoutez-les dans le bol du robot. Remuez rapidement.

⑤ Versez la pâte dans le moule à pain préalablement beurré et recouvert d'une feuille de papier sulfurisé. Recouvrez avec du film alimentaire huilé sur l'intérieur et fermez hermétiquement à l'aide du film. Laissez reposer 1 heure dans un endroit chaud.

⑥ 15 minutes avant la fin de la levée, préchauffez le four à 180 °C (thermostat 6). Faites cuire durant 25 minutes. Badigeonnez le pain avec la cuillère d'huile d'olive restante et poursuivez la cuisson encore 10 minutes.
⑦ Laissez le pain tiédir 20 minutes environ avant de le démouler et de le laisser refroidir complètement sur une grille.

L'ASTUCE EN +

➔ Pour parfumer encore plus votre pain, vous pouvez ajouter de l'ail haché et quelques pincées de basilic séché ou autres herbes provençales.

PIZZA VÉGÉTARIENNE

« Voici une idée toute simple mais savoureuse pour agrémenter une pâte à pizza faite maison ! »

QUANTITÉ ET DURÉES

Pour 2 pizzas • Préparation : 20 min • Attente : 20 min • Cuisson : 14 min.

INGRÉDIENTS

1 pâte à pizza (voir p. 114) ; 8 cœurs d'artichauts en conserve ; 2 tomates ; 200 ml de sauce tomate ; 10 olives noires ; 2 c. à s. de câpres ; 2 c. à s. d'origan.

RECETTE

① Préparez la pâte à pizza selon les indications de la recette p. 114 et faites précuire les deux pizzas.
② Coupez les cœurs d'artichauts en quatre. Rincez les tomates et détaillez-les en rondelles.

③ Répartissez la sauce tomate, les cœurs d'artichauts, les rondelles de tomates, les olives noires, les câpres et l'origan sur les pizzas précuites.
④ Faites cuire durant 7 minutes supplémentaires.

L'ASTUCE EN +

➔ Si vous voulez ajouter du fromage, réduisez le temps de cuisson de la pizza à 5 minutes, ajoutez le fromage et faites-le gratiner pendant 2 minutes sous le gril du four.

SALADE DE GRAINES DE SARRASIN AUX LÉGUMES

« Le sarrasin, l'une des céréales sans gluten les plus digestes, est une excellente alternative au blé en grains ou au boulgour. »

QUANTITÉ ET DURÉES

Pour 4 personnes • Préparation : 10 min • Cuisson : 13 min.

INGRÉDIENTS

65 g de graines de sarrasin ; 85 g de haricots rouges égouttés (en boîte ou cuits la veille) ; 2 carottes ; 1 betterave rouge cuite de taille moyenne ; 1 petite betterave jaune cuite ; 1 avocat ; 3 poignées de salade de roquette ou de mesclun ; 1 citron ; 1 c. à c. de gingembre fraîchement râpé ; 1 c. à c. de tamari.

RECETTE

① Faites cuire le sarrasin à l'avance (afin qu'il ait le temps de refroidir) : placez les graines dans une sauteuse et faites-les griller à sec pendant 1 minute. Versez ensuite 100 ml d'eau bouillante. Réduisez le feu, couvrez et laissez cuire à feu doux pendant 12 minutes environ (jusqu'à ce que l'eau soit entièrement absorbée et les grains tendres mais pas trop). Laissez reposer hors du feu durant 5 minutes, puis égrainez-le avec une fourchette.

② Pelez et râpez les carottes. Détaillez les betteraves en fines lamelles. Pelez et dénoyautez l'avocat, et coupez-le en petits cubes. Pressez le citron.

③ Dans un grand saladier, mélangez les graines de sarrasin, les haricots rouges, les carottes râpées, les betteraves et l'avocat. Dans un bol, mélangez le jus de citron, le tamari et le gingembre. Versez dans la préparation précédente et mélangez.

④ Rincez la salade. Disposez-la dans un saladier de service et ajoutez par-dessus le mélange de sarrasin et de légumes. Servez sans attendre.

LES ASTUCES EN +

➔ Vous pouvez aussi ajouter quelques morceaux de tomates pelées.

➔ Il est également possible de préparer cette recette avec des graines de sarrasin déjà grillées. Dans ce cas, pas la peine de les faire griller comme indiqué en début de recette.

➔ Vous pouvez remplacer l'eau de cuisson par un bouillon de légumes.

SOCCAS GARNIES

« La socca est une spécialité méditerranéenne à base de farine de pois chiches, et donc naturellement sans gluten. Ces délicieuses crêpes peuvent être garnies de tous les ingrédients que vous souhaitez. »

QUANTITÉ ET DURÉES

Pour 8 à 10 soccas • Préparation : 25 min • Attente : 1 heure • Cuisson : 2 à 3 min par socca.

INGRÉDIENTS

150 g de farine de pois chiches ; 5 c. à s. d'huile d'olive ; 2 pincées de sel fin.

POUR LA GARNITURE

1 bulbe de fenouil ; 1 poivron ; 10 petits radis ; 1 concombre ; 8 tomates roma ; 4 tiges d'oignons cébettes ; 8 œufs ; 500 g de thon en boîte ; quelques feuilles de basilic ; 24 olives noires.

POUR LA VINAIGRETTE

3 c. à s. d'huile d'olive ; 1 c. à s. de vinaigre de vin blanc ; ½ c. à c. de moutarde ; sel, poivre.

RECETTE

① Dans un grand saladier, tamisez la farine et ajoutez le sel. Creusez un puits au centre, versez-y l'huile d'olive, puis 400 ml d'eau à température ambiante. Fouettez pour obtenir la texture d'une pâte à crêpes. Laissez reposer 1 heure au frais.
② Faites cuire les œufs dans une casserole d'eau bouillante pendant 10 minutes.
③ Préparez la vinaigrette : mélangez l'huile d'olive, le vinaigre et la moutarde. Salez et poivrez.
④ Lavez le fenouil et le poivron et détaillez-les en lamelles. Pelez le concombre et émincez-le finement. Lavez et émincez les radis. Lavez les tomates et coupez-les en rondelles. Enlevez la première couche des oignons cébettes et détaillez-les en fines lamelles. Lavez et équeutez le basilic. Versez tous les légumes dans un saladier, ainsi que le basilic, ajoutez le thon et mélangez avec la vinaigrette.
⑤ Écalez les œufs durs et coupez-les en quartiers.
⑥ Faites cuire les soccas comme des crêpes 2 à 3 minutes dans une poêle antiadhésive. Garnissez-les avec les légumes, les quartiers d'œufs durs et les olives. Servez sans attendre.

LES ASTUCES EN +

- Vous pouvez ajouter à la vinaigrette un peu de tapenade ou d'anchois.
- Ceux qui ont les intestins fragiles doivent impérativement peler les légumes : tomates, poivron et concombre.

TARTE AU FROMAGE DE CHÈVRE, TOMATE ET BASILIC

« Cette tarte salée, qui se déguste froide, est parfaite pour les chaudes journées d'été, accompagnée d'une salade... »

QUANTITÉ ET DURÉES

Pour 6 personnes • Préparation : 20 min • Attente : 1 heure + 10 min • Cuisson : 20 min.

INGRÉDIENTS

1 pâte sablée salée amandes-parmesan (voir p. 117) ; 250 g de fromage de chèvre frais ; 3 à 4 tomates ; 1 noix de beurre (pour le moule) ; 2 c. à s. de basilic frais lavé et ciselé ; sel, poivre.

RECETTE

① Préparez la pâte sablée salée amandes-parmesan (voir p. 117) et mettez-la au frais pendant 1 heure.
② Dans un bol, écrasez le fromage de chèvre frais à la fourchette avec le basilic. Salez et poivrez. Lavez les tomates et coupez-les en fines rondelles.
③ Préchauffez le four à 180 °C (thermostat 6).

④ Étalez la pâte entre deux feuilles de film alimentaire à l'aide d'un rouleau à pâtisserie. Déposez-la dans un moule beurré et placez-la 10 minutes au congélateur.
⑤ Piquez la pâte à la fourchette et faites-la cuire pendant 20 minutes, jusqu'à ce qu'elle soit bien dorée.
⑥ Garnissez la pâte du mélange de chèvre frais et disposez les rondelles de tomates. Servez sans attendre.

LES ASTUCES EN +

➔ À mi-cuisson, vérifiez que la pâte n'a pas fait de bulles. S'il y en a, piquez-les avec une fourchette afin de laisser l'air s'échapper.
➔ Au moment de servir, vous pouvez parsemer votre tarte d'un peu de fleur de sel et verser un filet d'huile d'olive.

TARTE PÊCHE-ABRICOT

« Cette tarte haute en couleurs permet de profiter des bons fruits de l'été. »

QUANTITÉ ET DURÉES

Pour 6 à 8 personnes • Préparation : 30 min • Attente : 1 heure • Cuisson : 58 min.

INGRÉDIENTS

1 pâte sablée sucrée (voir p. 120) ; 2 c. à s. de farine de riz (pour étaler la pâte et rouler ses bords) ; 6 abricots ; 6 pêches ; 60 g de poudre d'amandes ; 1 c. à s. de fécule de maïs ; 60 g de sucre de canne blond ; 60 g de beurre doux ; 1 œuf.

POUR LE GLAÇAGE

2 c. à s. de confiture d'abricot.

MATÉRIEL SPÉCIFIQUE

Un pinceau de cuisine en silicone.

RECETTE

① Préparez la pâte sablée selon les indications de page 120. Mettez-la au frais pour 1 heure.
② Préchauffez le four à 180 °C (thermostat 6).
③ Étalez la pâte en forme de rectangle entre une feuille de papier sulfurisé farinée (en dessous) et une feuille de film alimentaire (au-dessus), puis enlever le film alimentaire. Saupoudrez les bords de farine de riz et roulez-les. Recouvrez la pâte d'une feuille de papier sulfurisé et versez des billes de cuisson. Faites précuire la pâte pendant 18 minutes.
④ Faites fondre le beurre. Lavez et dénoyautez les fruits. Coupez-les en lamelles.
⑤ Dans un grand bol, mélangez la poudre d'amandes, la fécule et 50 g de sucre. Ajoutez le beurre fondu puis l'œuf. Mélangez. Étalez la frangipane obtenue sur le fond de tarte précuit.
⑥ Disposez les lamelles de fruits et saupoudrez du reste de sucre de canne. Faites cuire durant 40 minutes environ.
⑦ Pendant ce temps, préparez le glaçage : dans une casserole, à feu doux, chauffez la confiture et 3 cuillères à soupe d'eau jusqu'à obtenir un sirop. Badigeonnez le glaçage au pinceau sur les fruits. Laissez sécher et dégustez.

L'ASTUCE EN +

➋ Si cette tarte est uniquement destinée à des adultes, vous pouvez préparer le glaçage avec de la confiture d'abricot (ou bien de la marmelade d'orange) agrémentée de 3 cuillères à soupe de liqueur de pêche ou de brandy à la place de l'eau.

TOASTS DE POLENTA

« Ces petits toasts à base de polenta sont parfaits pour l'apéritif, agrémentés des ingrédients de votre choix. »

QUANTITÉ ET DURÉES

Pour env. 20 toasts • Préparation : 15 min • Cuisson : 10 min.

INGRÉDIENTS

230 g de polenta instantanée ; 25 g de beurre doux ; sel, poivre.

MATÉRIEL SPÉCIFIQUE

Un moule ou un plat carré (ici, de 23 cm) ; un emporte-pièce.

RECETTE

① Faites chauffer 750 ml d'eau dans une grande casserole et 50 ml dans une plus petite.

② Dès que l'eau de la grande casserole bout, saupoudrez en pluie la polenta en tournant continuellement avec une cuillère en bois. Réduisez le feu et continuez de remuer pendant 3 minutes (ou selon les instructions données sur le paquet).

③ Ajoutez ensuite, à l'aide d'une louche, les 50 ml d'eau chaude restants afin d'obtenir une polenta bien crémeuse. Retirez du feu et ajoutez le beurre, toujours en remuant avec la cuillère en bois. Salez et poivrez.

④ Versez la préparation dans le moule et lissez à l'aide d'une spatule. Entourez d'un film alimentaire et laissez complètement refroidir.

⑤ Retirez le film alimentaire et démoulez la polenta en la renversant sur une planche à découper. Façonnez les petits toasts à l'aide d'un emporte-pièce et garnissez-les à votre guise.

LES ASTUCES EN +

➔ Pour relever le goût de la polenta, vous pouvez ajouter 40 g de parmesan râpé en même temps que le beurre.

➔ Décorez vos toasts de polenta avec les ingrédients de votre choix : tapenade, ricotta, purée de tomates séchées, tomates cerises, olives noires, herbes fraîches (basilic, ciboulette, origan, etc.)...

➔ Ne jetez pas les chutes de polenta lors de la découpe à l'emporte-pièce : vous pourrez les détailler en petits croûtons, les faire griller et en parsemer un gaspacho, par exemple.

LES RECETTES D'AUTOMNE

CAKE À LA FARINE DE LENTILLES VERTES ET AUX LÉGUMES

« Ce cake original surprendra vos hôtes par sa texture très tendre et sa saveur bien parfumée. »

QUANTITÉ ET DURÉES

Pour 6 à 8 personnes • Préparation : 25 min • Cuisson : 1 heure.

INGRÉDIENTS

70 g de farine de lentilles vertes ; 60 g de farine de riz demi-complet ; 70 g de fécule de pomme de terre (ou fécule de maïs) ; ¾ de c. à c. de gomme xanthane ; ½ c. à c. de poudre à lever ; ½ c. à c. de bicarbonate de sodium ; 1 c. à c. de sel fin ; 3 œufs ; 25 cl de crème fleurette allégée ; 3 c. à s. d'huile d'olive ; 40 g de parmesan râpé ; 150 g de lardons allumettes ; 2 carottes moyennes ; 1 poireau ; 1 oignon jaune ; 80 g de petits pois frais écossés (ou surgelés).

MATÉRIEL SPÉCIFIQUE

Un moule à cake.

RECETTE

① Préchauffez le four à 180 °C (thermostat 6). Chemisez un moule à cake avec du papier sulfurisé.
② Mélangez les ingrédients secs à l'aide d'un petit fouet à vinaigrette : farines, fécule, gomme xanthane, poudre à lever, bicarbonate et sel.
③ Pelez les carottes et coupez-les en fines rondelles. Lavez et émincez le poireau. Pelez et émincez finement l'oignon.
④ Faites chauffer 1 cuillère à soupe d'huile d'olive dans une sauteuse. Ajoutez les carottes, l'oignon, le poireau et les lardons allumettes. Faites cuire 10 minutes à feu doux en mélangeant régulièrement jusqu'à ce que les légumes soient tendres.
⑤ Pendant ce temps, faites cuire les petits pois durant 10 minutes à l'eau. Égouttez-les et ajoutez-les, hors du feu, dans le mélange de légumes.

⑥ Dans un grand saladier, battez les œufs. Ajoutez la crème fleurette et le reste d'huile. Mélangez, puis saupoudrez avec le parmesan et mélangez à nouveau.

⑦ Ajoutez-y la fondue de légumes, puis les ingrédients secs. Mélangez au fouet jusqu'à ce que tous les ingrédients soient bien incorporés. Versez dans le moule à cake chemisé.

⑧ Enfournez pour 45 à 50 minutes. Vérifiez la cuisson en insérant une pique en bois dans le cœur du gâteau : elle doit ressortir sèche. Laissez tiédir le cake durant 20 minutes, puis démoulez-le sur une grille afin qu'il refroidisse.

L'ASTUCE EN +

➔ La farine de lentilles vertes certifiée « sans gluten » est difficile à trouver. Si nécessaire, vous pouvez la remplacer par de la farine de pois chiches.

CRACKERS AU CHEDDAR

« Facile et rapide, cette recette permet de préparer une grande quantité de biscuits apéritif, bien meilleurs que ceux du commerce ! »

QUANTITÉ ET DURÉES

Pour env. 40 crackers (selon la taille de l'emporte-pièce)
• Préparation : 20 min • Attente : 1 heure • Cuisson : 8 à 13 min.

INGRÉDIENTS

75 g de farine de riz demi-complet ; 80 g de fécule de pomme de terre ; ½ c. à c. de poudre à lever ; ½ c. à c. de gomme xanthane ; ¼ de c. à c. de bicarbonate de sodium ; ¼ de c. à c. de sel fin ; 200 g de cheddar râpé ; 65 g de beurre doux, à température ambiante ; 4 c. à s. de crème fleurette allégée.

MATÉRIEL SPÉCIFIQUE

Un emporte-pièce.

RECETTE

① Dans un bol, mélangez les ingrédients secs à l'aide d'un petit fouet à vinaigrette : farine, fécule, poudre à lever, gomme xanthane, bicarbonate et sel.
② Dans le bol du robot, mélangez le cheddar râpé et le beurre. À vitesse lente, ajoutez les ingrédients secs. Versez ensuite, cuillère par cuillère, la crème fleurette. La pâte va former une boule.
③ Divisez la pâte en deux et enveloppez chaque boule dans du film alimentaire. Aplatissez-les pour leur donner la forme d'un disque et réservez-les au frais pendant 1 heure.
④ 15 minutes avant la fin du temps de pose, préchauffez le four à 190 °C (thermostat 6-7).
⑤ Aplatissez le premier disque de pâte entre deux feuilles de film alimentaire, à l'aide d'un rouleau à pâtisserie, sur une épaisseur de 3 à 4 mm. Ôtez le film alimentaire et découpez les crackers à l'aide d'un emporte-pièce, puis déposez-les sur deux plaques de cuisson recouvertes de papier sulfurisé. Faites de même avec le second disque de pâte.
⑥ Enfournez pour 8 à 13 minutes en fonction de la taille des crackers. Ils doivent être gonflés et dorés sur les côtés. Une fois qu'ils sont cuits, retirez-les de la plaque de cuisson et posez-les sur une grille afin de les laisser refroidir.

L'ASTUCE EN +

➔ Vous pouvez également parfumer vos crackers en ajoutant des herbes sèches comme du thym, du romarin, de l'origan... ou même du paprika.

AVEC UN MIX...

Il vous faut 155 g de mix pâtisserie sans gluten. Vérifiez bien s'il contient déjà de la gomme (xanthane ou de guar) et/ou de la poudre à lever.

CRUMBLE POMMES-SARRASIN

« Ce dessert est rapide et facile à préparer. Les flocons de sarrasin lui apportent un petit goût très original. »

QUANTITÉ ET DURÉES

Pour 6 personnes • Préparation : 15 min • Cuisson : 35 min.

INGRÉDIENTS

100 g de poudre d'amandes ; 75 g de farine de millet ; 60 g de beurre doux, à température ambiante ; 90 g de sucre brun en poudre ; 50 g de flocons de sarrasin ; 1 c. à s. de sucre de canne blond en poudre ; 6 pommes.

RECETTE

① Préchauffez le four à 180 °C (thermostat 6).

② Dans un grand bol, mélangez la poudre d'amandes et la farine de millet. Ajoutez le beurre en petits dés et mélangez du bout des doigts. Ajoutez le sucre brun et les flocons de sarrasin. Mélangez jusqu'à obtenir une texture granuleuse.

③ Pelez et épépinez les pommes. Coupez-les en morceaux. Disposez-les dans un plat allant au four et saupoudrez-les de sucre de canne. Recouvrez avec la pâte à crumble.

④ Enfournez pour 35 minutes environ.

LES ASTUCES EN +

➲ Vous pouvez servir ce crumble nature ou bien accompagné de glace, de crème fraîche...

➲ En fonction de la saison, vous pouvez préparer ce crumble avec des poires, des pêches, des abricots... Si vos fruits sont très juteux, ajoutez 2 à 3 cuillères à soupe de fécule afin d'absorber le liquide.

FICELLES PICARDES

« Voici une recette à la fois gourmande et facile pour agrémenter les crêpes de sarrasin. Accompagnez-les d'une salade verte bien assaisonnée, et voilà un dîner délicieux qui plaira aux petits comme aux grands ! »

QUANTITÉ ET DURÉES

Pour 6 personnes • Préparation : 35 min • Attente : 1 heure • Cuisson : 20 min.

INGRÉDIENTS

6 crêpes au sarrasin (voir recette p. 111) ; 200 g de champignons de Paris ; 6 tranches de jambon blanc sans gluten ; 2 échalotes ; ½ c. à c. de jus de citron ; 120 g de gruyère râpé ; 200 ml de crème fraîche entière liquide ; 10 g de beurre doux ; sel, poivre.

RECETTE

① Préparez la pâte à crêpes (voir recette p. 111).
② Épluchez et émincez les échalotes. Nettoyez et émincez les champignons. Faites fondre 10 g de beurre dans une poêle, ajoutez les échalotes et faites-les fondre à feu doux pendant 5 minutes.
③ Ajoutez les champignons émincés et le jus de citron. Salez et poivrez. Laissez cuire jusqu'à ce que toute l'eau des champignons se soit évaporée. Versez 50 ml de crème fraîche et laissez refroidir complètement (au moins 1 heure).
④ Faites cuire les crêpes.
⑤ Préchauffez le four à 210 °C (thermostat 7). Dans un plat allant au four, versez un peu de crème fraîche liquide.
⑥ Déposez sur chaque crêpe une tranche de jambon. Ajoutez quelques cuillères du mélange aux champignons, puis roulez les crêpes sur elles-mêmes fermement. Déposez les crêpes roulées dans le plat (en prenant soin de disposer la fermeture de chaque « ficelle » contre le fond du plat, afin qu'elles ne s'ouvrent pas pendant la cuisson).
⑦ Recouvrez avec le reste de crème fraîche et parsemez de gruyère râpé.
⑧ Enfournez et laissez cuire pendant 5 minutes à 220 °C, puis passez le plat au gril durant 5 minutes. Le dessus des crêpes doit être doré et la crème doit légèrement bouillonner.

LES ASTUCES EN +

- Le mélange champignons et crème doit être un peu relevé, car c'est lui qui apportera du goût à la recette. N'hésitez pas à goûter et à ajuster l'assaisonnement en sel et poivre.
- Laissez bien refroidir les crêpes et les champignons avant d'assembler tous les éléments. Ils réchaufferont tous ensemble dans le four.

GÂTEAU AUX PRUNES

« Facile à cuisiner, ce gâteau à la fois moelleux et acidulé est un dessert familial parfait. »

QUANTITÉ ET DURÉES

Pour 8 personnes • Préparation : 20 min • Cuisson : 1 heure.

INGRÉDIENTS

40 g de poudre d'amandes ; 50 g de farine de riz demi-complet ; 60 g de farine de millet (+ 1 c. à s. pour les fruits) ; 60 g de fécule de maïs (ou fécule de pomme de terre) ; 1 c. à c. de gomme xanthane ; ½ c. à c. de bicarbonate de sodium ; 1 pincée de sel fin ; 120 g de sucre de canne blond en poudre (+ 1 c. à s. pour les fruits) ; 80 g de sucre brun ; 3 œufs ; 165 g de beurre doux, à température ambiante (+ 1 noix pour le moule) ; 1 c. à c. d'extrait de vanille liquide ; 70 ml de crème fleurette allégée ; 500 g de prunes.

MATÉRIEL SPÉCIFIQUE

Un moule à fond amovible.

RECETTE

① Préchauffez le four à 180 °C (thermostat 6). Beurrez un moule à fond amovible, garnissez-le d'une feuille de papier sulfurisé et beurrez-la légèrement.

② Lavez et dénoyautez les prunes. Coupez-les en quartiers. Mettez-les dans un grand bol et mélangez-les avec 1 cuillère à soupe de farine de millet et 1 cuillère à soupe de sucre de canne.

③ Dans un grand bol, mélangez les ingrédients secs à l'aide d'un petit fouet à vinaigrette : poudre d'amandes, farines, fécule, gomme xanthane, bicarbonate et sel.

④ Dans le bol du robot, mélangez le beurre et les sucres à vitesse moyenne jusqu'à obtenir une texture crémeuse.

⑤ Ajoutez les œufs, l'un après l'autre, en vous assurant qu'ils sont bien incorporés. N'hésitez pas à racler les bords du bol avec une spatule. Versez l'extrait de vanille et mélangez.

⑥ Ajoutez-y la moitié du mélange des ingrédients secs, puis remuez. Versez ensuite la crème fleurette, mélangez à nouveau, puis ajoutez le reste des ingrédients secs.

⑦ Versez la pâte dans le moule et déposez par-dessus les quartiers de prunes.

⑧ Enfournez pour 1 heure, puis laissez refroidir le gâteau dans le moule avant de le démouler.

L'ASTUCE EN +

➔ À mi-cuisson, couvrez le gâteau d'une feuille de papier sulfurisé afin d'éviter qu'il ne dore trop.

GÂTEAU ORANGE-CAROTTE-PÉCAN

« Ce gâteau sans matières grasses et sans lactose est incroyablement fondant grâce au mélange de la poudre d'amandes et des carottes rapées... »

QUANTITÉ ET DURÉES

Pour 6 à 8 personnes • Préparation : 20 min • Cuisson : 35 min.

INGRÉDIENTS

145 g de poudre d'amandes ; 40 g de farine de riz demi-complet ; 1 c. à c. de poudre à lever ; 1 c. à c. de cannelle ; ½ c. à c. de gingembre moulu ; 3 carottes (170 g de carottes râpées) ; 3 œufs ; 150 g de sucre de canne blond en poudre ; le zeste de ½ orange ; 3 c. à c. de jus d'orange frais ; 35 g de noix de pécan ; 1 noix de beurre (pour le moule).

POUR LE GLAÇAGE

2 c. à c. de sucre glace ; 1 c. à c. de jus de citron.

RECETTE

① Préchauffez le four à 180 °C (thermostat 6). Beurrez légèrement un moule et recouvrez le fond d'une feuille de papier sulfurisé, également beurrée.
② Dans un bol, mélangez les ingrédients secs à l'aide d'un petit fouet à vinaigrette : poudre d'amandes, farine, poudre à lever, cannelle et gingembre.
③ Râpez les carottes, ajoutez-y le zeste et le jus d'orange. Remuez.
④ Mélangez au robot le sucre et les œufs pendant 7 minutes environ. Ajoutez les carottes râpées et les ingrédients secs. Remuez encore. Ajoutez enfin les noix de pécan et finissez de mélanger.
⑤ Versez la pâte dans le moule. Enfournez et laissez cuire 35 minutes. Laissez le gâteau 10 minutes dans le moule, puis démoulez-le et laissez-le refroidir sur une grille.
⑥ Préparez le glaçage en mélangeant le sucre glace, le jus de citron et 2 cuillères à café d'eau. Trempez un fouet dans le glaçage et secouez-le au-dessus du gâteau de manière à dessiner des filets. Laissez sécher.

L'ASTUCE EN +

➲ N'hésitez pas à râper vos carottes très finement afin qu'elles soient bien juteuses.

GÂTEAU POIRE-CHOCOLAT

« À la fois tendre, frais et gourmand, ce gâteau est un incontournable ! »

QUANTITÉ ET DURÉES

Pour 6 à 8 personnes • Préparation : 25 min • Cuisson : 45 min.

INGRÉDIENTS

100 g de poudre d'amandes ; 100 g de beurre doux (+ 1 noix pour le moule) ; 100 g de sucre de canne blond (+ 1 c. à s. pour le moule) ; 100 g de chocolat noir à pâtisser ; 3 œufs ; 1 pincée de sel fin ; 4 poires ; 1 c. à s. de confiture d'abricots.

MATÉRIEL SPÉCIFIQUE

Un pinceau de cuisine en silicone.

RECETTE

① Préchauffez le four à 180 °C (thermostat 6). Beurrez un moule et tapissez le fond d'une feuille de papier sulfurisé, également beurrée. Saupoudrez avec 1 cuillère à soupe de sucre de canne blond.
② Au bain-marie, faites fondre le chocolat en morceaux et le beurre.
③ Séparez les blancs des jaunes d'œufs. Dans un grand bol, mélangez les jaunes d'œufs et le sucre jusqu'à obtenir une consistance crémeuse. Ajoutez le mélange chocolat-beurre fondu, puis la poudre d'amandes tamisée. Mélangez.

④ Dans un autre grand bol, montez les blancs en neige, avec une pincée de sel fin.

⑤ Versez dans les blancs en neige la préparation précédente. Remuez délicatement, toujours dans le même sens afin de ne pas casser les blancs. Versez la pâte dans le moule.

⑥ Pelez les poires. Coupez-les en deux et ôtez leur cœur à l'aide d'une petite cuillère. Disposez les demi-poires entières sur le dessus du gâteau (côté bombé vers le haut).

⑦ Enfournez pour 45 minutes en tournant le gâteau à mi-cuisson. Une fois qu'il est cuit, glacez les poires avec la confiture d'abricots à l'aide d'un pinceau en silicone. Laissez refroidir.

L'ASTUCE EN +

➔ Au moment de servir, vous pouvez saupoudrer le gâteau de sucre glace.

NUGGETS DE POULET AU RIZ SOUFFLÉ

« Cuits au four et non dans un bain de friture, ces nuggets sans gluten sont beaucoup moins gras que ceux du commerce. Le parmesan relève la saveur de la panure au riz soufflé. »

QUANTITÉ ET DURÉES

Pour 4 personnes • Préparation : 15 min • Attente : 3 heures • Cuisson : 20 à 35 min.

INGRÉDIENTS

4 blancs de poulet ; 500 ml de crème fleurette allégée ; 2 c. à s. d'épices pour volaille ; 100 g de riz soufflé nature non sucré ; 2 c. à s. de parmesan râpé ; sel, poivre.

RECETTE

① Détaillez les blancs de poulet en morceaux.
② Dans un grand bol, mélangez la crème fleurette et les épices. Salez légèrement et poivrez. Ajoutez les morceaux de poulet, mélangez et couvrez. Laissez reposer au réfrigérateur pendant au moins 3 heures, voire toute la nuit.
③ Préchauffez le four à 210 °C (thermostat 7).
④ Versez le riz soufflé dans un sac en plastique (à congélation, par exemple), puis écrasez-le à l'aide d'un rouleau à pâtisserie pour en faire des miettes de panure. Disposez ces miettes dans un plat de cuisson et passez-les sous le gril du four pendant quelques minutes afin que la panure prenne une jolie couleur dorée. Ajoutez le parmesan râpé et mélangez.
⑤ Sortez un à un les morceaux de poulet de la marinade. Égouttez-les légèrement et déposez-les dans le riz soufflé. Tournez-les dans tous les sens jusqu'à ce qu'ils soient bien recouverts de panure.
⑥ Déposez les nuggets obtenus dans un plat allant au four et faites cuire entre 20 et 35 minutes selon la taille des morceaux de poulet. Présentez avec ketchup et moutarde.

LES ASTUCES EN +

➲ Il est préférable d'écraser le riz soufflé avec un rouleau à pâtisserie afin d'obtenir des éclats de tailles différentes. N'essayez pas de le passer au mixeur : vous obtiendriez alors de la poudre de riz, pas du tout croquante.

➲ Le mélange d'épices pour volaille est généralement composé de poudre d'oignons, curcuma, fenouil, coriandre, muscade, céleri, poivre... Il est parfois difficile de trouver ces mélanges d'épices sans gluten dans le commerce, car ils contiennent souvent des additifs. La solution : le faire vous-même ! Pour cela, mélangez 2 c. à c. de romarin séché, 1 c. à c. de thym séché, 1 c. à c. de persil séché, 2 c. à c. de basilic séché, ½ c. à c. de graines de céleri, 1 c. à c. de paprika, ½ c. à c. de cumin moulu, ½ c. à c. de curcuma, 1 c. à c. de poudre d'ail, 3 c. à c. de sel fin et 1 c. à c. de poivre moulu. Conservez dans un pot hermétique.

QUICHE LORRAINE

« Cette version sans gluten est aussi bonne qu'une quiche lorraine classique ! »

QUANTITÉ ET DURÉES

Pour 6 personnes • Préparation : 30 min • Attente : 1 heure
• Cuisson : 45 min.

INGRÉDIENTS

1 pâte sablée salée au quinoa (recette p. 118) ; 1 gros oignon jaune ; 5 œufs + 2 blancs d'œufs ; 2 c. à c. d'huile d'olive ; 1 c. à c. de thym séché ; 90 ml de lait demi-écrémé ; 110 g de jambon blanc sans gluten ; 60 g de gruyère râpé ; sel, poivre.

RECETTE

① Préparez la pâtée sablée salée selon les indications de la page 118. Laissez-la reposer 1 heure au réfrigérateur.
② Préchauffez le four à 210 °C (thermostat 7) avec deux grilles.
③ Pelez et émincez l'oignon. Déposez-le sur une plaque de cuisson recouverte de papier sulfurisé. Saupoudrez de thym, arrosez d'huile d'olive, salez et poivrez.
④ Étalez la pâte sablée entre une feuille farinée de papier sulfurisé (en dessous) et une feuille de film alimentaire (au-dessus). Puis ôtez le film alimentaire, disposez la pâte dans un moule à tarte et recouvrez de papier sulfurisé et de billes de cuisson.
⑤ Enfournez la plaque de cuisson avec l'oignon émincé sur la grille du haut et le moule à tarte sur la grille du bas. Laissez cuire 15 à 18 minutes.
⑥ Dans un grand bol, mélangez les œufs entiers, les blancs d'œufs, le lait, du sel et du poivre. Ajoutez l'oignon cuit, le jambon coupé en petits dés et le gruyère. Versez le tout sur la pâte précuite. Enfournez pour 25 minutes de mieux. Servez chaud ou tiède.

LES ASTUCES EN +

- Vous pouvez remplacer une partie du jambon par des lardons grillés.
- Les jaunes d'œufs restants peuvent vous servir pour d'autres recettes (voir nos astuces pour les utiliser et les congeler p. 85).

TARTE AU POTIRON ET SIROP D'ÉRABLE

« Cette tarte est un classique de la cuisine américaine, spécialement dégustée au moment de la célébration de Thanksgiving. »

QUANTITÉ ET DURÉES

Pour 6 à 8 personnes • Préparation : 20 min • Cuisson : 55 min.

INGRÉDIENTS

1 pâte à tarte paléo (voir p. 116) ; 90 g de beurre doux fondu ; 300 ml de purée de potiron maison ou toute prête ; 250 ml de sirop d'érable ; 60 ml de crème fraîche épaisse ; 2 œufs ; ½ c. à c. d'épices pour pain d'épices ; 1 pincée de sel fin.

RECETTE

① Préchauffez le four à 190 °C (thermostat 6-7).
② Préparez la pâte à tarte selon les indications de la page 116. Faites-la précuire pendant 15 minutes.
③ Dans un grand bol, mélangez au fouet le beurre fondu, la purée de potiron, le sirop d'érable, les œufs, la crème, les épices et le sel. Versez sur le fond de tarte et enfournez pour 40 minutes.

L'ASTUCE EN +

➔ Vous pouvez utiliser de la purée de potiron toute prête ou faite maison. Dans ce cas, faites cuire le potiron à l'eau ou à la vapeur environ 15 minutes avant de le mixer en purée.

TARTE TATIN

« Délicieusement fondante, cette version sans gluten n'a rien à envier à l'originale... »

QUANTITÉ ET DURÉES

Pour 6 à 8 personnes • Préparation : 25 min • Attente : 1 heure • Cuisson : 1 heure.

INGRÉDIENTS

1 pâte sablée sucrée (voir p. 120) ; 6 pommes canada ; 80 g de sucre de canne blond ; 30 g de beurre salé.

MATÉRIEL SPÉCIFIQUE

Une poêle pouvant aller au four.

RECETTE

① Préparez la pâte sablée sucrée selon les indications de page 120 et laissez-la reposer 1 heure au réfrigérateur.
② Préchauffez le four à 180 °C (thermostat 6).
③ Versez le sucre dans la poêle en couche homogène. Faites-le fondre à feu moyen sans jamais y toucher : il va caraméliser tout doucement.
④ Pendant ce temps, pelez et épépinez les pommes. Coupez-les en quartiers.
⑤ Une fois que le sucre a caramélisé, ajoutez le beurre salé coupé en morceaux et mélangez à l'aide d'une cuillère en bois. Disposez les quartiers de pommes en serrant bien. Enfournez la poêle pour 20 minutes.
⑥ Sortez la poêle du four. Posez la pâte sablée sur les pommes, en rentrant les bords de la pâte à l'intérieur de la poêle (attention de ne pas vous brûler !). Remettez la tarte au four pour 30 minutes environ. Une fois qu'elle est cuite, retournez-la sur un plat de service. Servez tiède.

LES ASTUCES EN +

➲ Il est possible d'utiliser une poêle en fonte ou une poêle à poignée amovible.
➲ Vous pouvez préparer cette recette tout au long de l'année avec les bons fruits de saison. En été, par exemple, c'est un délice avec des abricots, du miel et du romarin !

TOURTE LÉGÈRE AU POULET

« La saveur de noisette de la pâte au quinoa se marie parfaitement à celle du poulet et des légumes... »

QUANTITÉ ET DURÉES

Pour 6 personnes • Préparation : 45 min • Cuisson : 1 h 15.

INGRÉDIENTS

1 pâte sablée salée au quinoa (voir p. 117) ; 3 blancs de poulet ; 5 carottes moyennes ; 4 branches de céleri ; 100 g de petits pois surgelés ; 1 blanc d'œuf ; 15 g de beurre doux ; 2 c. à s. de fécule de maïs ; 1 oignon ; 2 échalotes ; 1 gousse d'ail ; 8 branches de persil plat ; 1 c. à c. d'estragon séché ; sel, poivre.

RECETTE

① Préparez la pâte sablée salée au quinoa (voir p. 117) et réservez-la au réfrigérateur pendant 30 minutes.

② Épluchez 1 carotte et coupez-la en gros morceaux. Lavez et coupez en morceaux 1 branche de céleri. Pelez et coupez l'oignon en quatre. Mettez ces légumes dans une casserole remplie de 500 ml d'eau et portez à ébullition. Quand l'eau bout, pochez-y les blancs de poulet durant 10 minutes, puis égouttez-les et réservez le bouillon.

③ Préchauffez le four à 210 °C (thermostat 7).

④ Pelez les carottes restantes et coupez-les en rondelles. Lavez les branches de céleri restantes et coupez-les en petits morceaux. Détaillez les blancs de poulet en lamelles. Rincez et effeuillez le persil. Pelez et émincez les échalotes et l'ail.

⑤ Dans une grande casserole, faites fondre le beurre. Ajoutez les échalotes et l'ail. Salez et poivrez. Faites fondre à feu doux pendant 10 minutes, en remuant régulièrement, jusqu'à ce que les échalotes deviennent translucides. Versez alors 275 ml de bouillon de poulet, et réservez.

⑥ Dans un petit bol, mélangez 125 ml de bouillon de poulet avec la fécule à l'aide d'un petit fouet. Versez dans la casserole et portez à ébullition en mélangeant sans cesse à l'aide du fouet. Réduisez le feu et laissez cuire 5 minutes.

⑦ Ajoutez les blancs de poulet, les carottes et le céleri. Portez de nouveau à ébullition. Puis, hors du feu, ajoutez le persil, l'estragon et les petits pois. Salez et poivrez.

⑧ Versez la préparation dans un plat allant au four. Étalez la pâte sablée en forme de cercle. Déposez-la au-dessus de la préparation et coupez les bords pour les ajuster. Badigeonnez-la de blanc d'œuf battu.

⑨ Enfournez pour 30 minutes, jusqu'à ce que la pâte soit bien dorée.

LES ASTUCES EN +

➲ Cette tourte est légère car, contrairement à une tourte classique, on ne met de la pâte que sur le dessus de la préparation.

➲ Servez cette tourte dans des assiettes creuses, car elle va rendre du jus…

➲ Conservez le jaune d'œuf restant : vous pourrez vous en servir pour faire dorer les bords d'une tarte (voir, par exemple, la recette de la tarte aux fraises, p. XX). Si vous n'en avez pas besoin tout de suite, congelez-le ! Pour cela, battez-le avec une toute petite pincée de sel avant de le verser dans une petite boîte hermétique et de le mettre au congélateur.

LES RECETTES D'HIVER

BLINIS

« Une recette facile et rapide à tester au moment des fêtes de Noël, mais aussi à tout autre moment de l'année ! Rappelons que les blinis sont traditionnellement préparés avec de la farine de sarrasin… »

QUANTITÉ ET DURÉES

Pour env. 12 blinis • Préparation : 15 min • Cuisson : 5 min par blinis.

INGRÉDIENTS

85 g de farine de sarrasin ; 40 g de farine de riz demi-complet ; 45 g de fécule de pomme de terre ; 1 c. à c. de poudre à lever ; 1 c. à c. de bicarbonate de sodium ; 1 c. à c. de sel fin ; 2 œufs ; 200 ml de crème fleurette allégée ; 200 ml de lait demi-écrémé ; 100 g de beurre doux (+ 1 noix pour la poêle).

RECETTE

① Dans un grand bol, mélangez les ingrédients secs à l'aide d'un petit fouet à vinaigrette : farines, fécule, poudre à lever, bicarbonate et sel. Réservez.

② Séparez les blancs des jaunes d'œufs. Faites fondre le beurre.

③ Dans un autre bol, mélangez les ingrédients humides : jaunes d'œufs, crème fleurette et lait.

④ Creusez un puits au milieu du bol des ingrédients secs et versez-y les ingrédients humides. Mélangez bien au fouet, puis ajoutez le beurre fondu et mélangez à nouveau.

⑤ Battez les blancs en neige. Incorporez-les délicatement à la préparation précédente en remuant avec une spatule en silicone et en tournant toujours dans le même sens. La pâte va être mousseuse. Si elle vous paraît trop épaisse, vous pouvez ajouter un peu de lait.

⑥ Faites chauffer une noix de beurre dans une poêle à blinis. Versez une petite louche de pâte et laissez cuire 3 minutes environ jusqu'à ce que des petites bulles apparaissent. Retournez le blinis et laissez cuire l'autre côté pendant 2 minutes environ. Procédez de même pour tous les autres blinis.

L'ASTUCE EN +

➔ Vous pouvez servir vos blinis avec du saumon fumé, des œufs de poisson, de la crème fraîche ou encore du tarama sans gluten.

AVEC UN MIX...

Conservez la farine de sarrasin pour donner du goût à vos blinis. Comptez 85 g de farine de sarrasin + 85 g de mix pâtisserie sans gluten. Vérifiez que votre mix ne contient pas de gomme, car il n'en faut pas dans cette recette. Vérifiez également s'il ne contient pas déjà de la poudre à lever.

BÛCHE DE NOËL

« Ce gâteau moelleux et savoureux est facile à préparer... mais un peu long (car il y a plusieurs étapes de refroidissement). Une recette à réserver aux grandes occasions, comme les fêtes de Noël ! »

QUANTITÉ ET DURÉES

Pour 6 à 8 personnes • Préparation : 1 heure • Attente : 1 h 35 • Cuisson : 20 min.

INGRÉDIENTS

30 g de farine de riz demi-complet (+ 1 c. à s. pour la plaque) ; 30 g de farine de millet ; 30 g de fécule de maïs (ou fécule de pomme de terre) ; 15 g de poudre d'amandes ; ¼ de c. à c. de gomme xanthane ; ½ c. à c. de poudre à lever ; ½ c. à c. de bicarbonate de sodium ; ½ c. à c. de sel fin ; 180 g de sucre de canne blond en poudre ; 85 g de beurre doux, à température ambiante (+ 1 noix pour la plaque) ; 3 œufs ; 1 c. à s. d'extrait de vanille liquide ; 3 c. à s. de sucre glace.

POUR LA CRÈME AU BEURRE ET AUX MARRONS

500 g de crème de marrons ; 90 g de beurre doux, à température ambiante ; 1 c. à s. de rhum (facultatif).

POUR LA GANACHE

120 ml de crème fraîche épaisse ; 320 g de chocolat noir à pâtisser.

MATÉRIEL SPÉCIFIQUE

Une plaque de cuisson à rebord de 27 x 35 cm.

RECETTE

① Préchauffez le four à 180 °C (thermostat 6). Beurrez la plaque de cuisson et déposez dessus une feuille de papier sulfurisé. Beurrez-la et saupoudrez de farine de riz.
② Dans un grand bol, mélangez les ingrédients secs à l'aide d'un petit fouet à vinaigrette : farines, fécule, poudre d'amandes, gomme xanthane, poudre à lever, bicarbonate et sel. Versez dans le bol du robot, ajoutez le sucre et mélangez. Ajoutez le beurre en petits morceaux, puis les œufs (l'un après l'autre), l'extrait de vanille et 3 cuillères à soupe d'eau, en vous assurant que tous les ingrédients sont bien incorporés. La pâte devient très liquide.
③ Versez la pâte sur la plaque et étalez-la pour qu'elle ait une épaisseur uniforme. Tapez la plaque d'un coup sec sur le plan de travail afin de laisser les bulles d'air s'échapper. Enfournez pour 15 à 20 minutes.
④ Étalez un torchon propre à plat sur le plan de travail et saupoudrez-le avec la moitié du sucre glace. Une fois le gâteau cuit, démoulez-le à l'envers sur le torchon et saupoudrez-le du reste de sucre glace. Roulez délicatement le gâteau en bûche et laissez-le refroidir.
⑤ Préparez la crème au beurre : dans le bol du robot, mélangez le beurre jusqu'à ce qu'il soit crémeux. Ajoutez la crème de marrons et le rhum, et remuez.
⑥ Préparez la ganache au chocolat : cassez le chocolat et déposez-le dans un bain-marie (eau bouillante mais feu éteint). Dans une petite casserole, faites chauffer la crème fraîche jusqu'à ce qu'elle frémisse, puis versez-la sur le chocolat et remuez jusqu'à ce que le mélange soit bien homogène. Si besoin, rallumez un instant le feu sous le bain-marie pour finir de faire fondre le chocolat. Laissez refroidir.
⑦ Une fois que le gâteau est froid, déroulez-le délicatement et décollez le torchon. Déposez le gâteau sur une grande feuille de film alimentaire

et étalez généreusement dessus la crème au beurre et aux marrons, en laissant 1 cm de bord sans crème tout autour. Roulez à nouveau le gâteau et enveloppez-le avec le film alimentaire. Réservez au frais pour 15 minutes.

⑧ Enlevez le film alimentaire et déposez la bûche sur le plat de service (recouvert de bandes de papier sulfurisé sur les bords pour protéger le plat des éclaboussures lors du glaçage). Recouvrez la bûche de ganache au chocolat à l'aide d'une spatule et décorez avec le motif souhaité (lignes, zigzags...).

⑨ Mettez au frais pendant au moins 20 minutes. Sortez le gâteau du réfrigérateur au moins 30 minutes avant de le servir.

L'ASTUCE EN +

➔ Vous pouvez utiliser cette même base de gâteau pour préparer un roulé à la fraise ou à la confiture. Dans ce cas, garnissez l'intérieur de votre gâteau de crème fouettée à la fraise, de confiture de votre choix...

AVEC UN MIX…

Conservez la poudre d'amandes (15 g) et prévoyez 90 g de mix pâtisserie sans gluten. Vérifiez s'il contient déjà de la gomme (xanthane ou de guar) et/ou de la poudre à lever.

COOKIES DES NEIGES

« Avec leur dessus poudré de blanc et leurs craquelures d'un noir intense, ces cookies sont très jolis sur une table de fêtes. L'intérieur, lui, est fondant comme une truffe au chocolat… »

QUANTITÉ ET DURÉES

Pour 28 cookies • Préparation : 20 min • Attente : 45 min • Cuisson : 15 min.

INGRÉDIENTS

40 g de farine de riz demi-complet ; 30 g de fécule de maïs ; ¼ de c. à c. de gomme xanthane ; 1 c. à c. de poudre à lever ; 1 pincée de sel fin ; 30 g de cacao en poudre ; 6 g de café instantané en poudre ; 110 g de sucre de canne complet en poudre ; 60 g de beurre doux ; 1 œuf ; 115 g de chocolat noir à pâtisser ; 1 c. à s. de lait demi-écrémé ; 50 g de sucre glace.

RECETTE

① Faites fondre le chocolat noir à pâtisser au bain-marie. Réservez.
② Dans un grand bol, tamisez (à l'aide d'une passoire) et mélangez les ingrédients secs : farine, fécule, gomme xanthane, poudre à lever, sel, cacao en poudre et café instantané.
③ Mélangez au robot le beurre et le sucre de canne, jusqu'à obtenir une texture crémeuse. Ajoutez l'œuf, puis le chocolat fondu. Remuez bien.
④ Versez-y tout doucement le mélange des ingrédients secs et le lait. Emballez la pâte dans du film alimentaire et laissez-la reposer au congélateur pendant 45 minutes.
⑤ Préchauffez le four à 180 °C (thermostat 6).

⑥ Versez le sucre glace dans une assiette creuse. À l'aide d'une petite cuillère, prélevez un peu de pâte et malaxez-la entre les mains pour former une petite boule. Roulez-la dans le sucre glace : on ne doit plus voir la pâte. Déposez les petites boules sur la plaque du four recouverte de papier sulfurisé, en les espaçant bien (environ 9 boules par plaque). Laissez cuire 13 à 15 minutes maximum. Laissez ensuite reposer les biscuits 5 minutes sur le papier sulfurisé (mais hors de la plaque), puis déposez-les sur une grille afin qu'ils refroidissent.

LES ASTUCES EN +

- Il est important de tamiser tous les ingrédients secs ensemble afin qu'ils se mélangent bien, car le cacao en poudre est plus lourd que les farines et fécules.
- Ces petits cookies sont forts en café. N'en mettez pas si vos enfants n'aiment pas cela.
- N'hésitez pas à écraser la poudre de café avec le dos d'une cuillère à travers une passoire, pour la tamiser.

AVEC UN MIX...

Vous pouvez préparer cette recette avec 70 g de mix pâtisserie sans gluten. Vérifiez bien s'il contient déjà de la gomme (xanthane ou de guar) et/ou de la poudre à lever.

GALETTE DES ROIS

« Pour une recette facile et rapide, j'utilise de la pâte feuilletée sans gluten déjà prête. Elle n'est pas aussi beurrée et feuilletée que l'originale, mais plus croustillante et plus légère. On peut donc se resservir sans culpabiliser ! »

QUANTITÉ ET DURÉES

Pour 6 à 8 personnes • Préparation : 30 min • Cuisson : 30 min.

INGRÉDIENTS

2 pâtes feuilletées sans gluten toutes prêtes ; 30 g de farine de riz demi-complet (pour étaler les pâtes) ; 150 g de poudre d'amandes ; 95 g de sucre de canne blond en poudre ; 80 g de beurre doux ; 2 œufs + 1 jaune d'œuf ; 1 c. à s. de rhum ; 1 c. à s. de lait.

MATÉRIEL SPÉCIFIQUE

Un pinceau de cuisine en silicone ; une fève ; une couronne.

RECETTE

① Préchauffez le four à 180 °C (thermostat 6).
② Faites fondre le beurre au bain-marie, ajoutez la poudre d'amandes et le sucre. Mélangez et ôtez du feu. Ajoutez les deux œufs l'un après l'autre et remuez bien. Versez le rhum, mélangez encore et laissez refroidir pendant 5 minutes, puis réservez cette frangipane au frais.
③ Préparez le glaçage : battez à la fourchette le jaune d'œuf et le lait.
④ Posez la première pâte feuilletée sur une feuille de papier sulfurisé farinée. Farinez légèrement la pâte et posez dessus du film alimentaire. Étalez-la à l'aide d'un rouleau à pâtisserie. Faites de même avec la seconde pâte feuilletée.
⑤ Retournez le moule à tarte sur la première pâte et découpez-la tout autour. Conservez les chutes de pâte. Procédez de même pour la seconde pâte, mais en ajoutant 1 cm de plus sur tout le pourtour.
⑥ Sur la plaque de cuisson recouverte de papier sulfurisé, déposez la seconde pâte (la plus grande). Badigeonnez les bords (d'une largeur de 1 cm) avec un peu de glaçage, à l'aide d'un pinceau. Collez-y des petites chutes de pâte de 1 cm de largeur pour former la bordure.

⑦ Versez la frangipane à l'intérieur de cette pâte. Déposez la fève et recouvrez de frangipane pour bien la cacher. Badigeonnez les bordures avec le glaçage (gardez-en encore un peu) et déposez l'autre pâte feuilletée. Pressez les bords des deux pâtes ensemble, avec les doigts puis avec les dents d'une fourchette.

⑧ Striez le dessus de la galette à l'aide d'une pointe fine de couteau. Faites trois petits trous au centre pour permettre à la vapeur de s'échapper. Badigeonnez le dessus de la galette avec le reste du glaçage. Enfournez et laissez cuire 30 minutes environ, jusqu'à ce que la galette soit bien dorée.

L'ASTUCE EN +

➔ S'il vous reste des chutes de pâte (et de la crème d'amandes), vous pouvez préparer des petits chaussons à la frangipane.

GÂTEAU RENVERSÉ À L'ANANAS

« Fruité et caramélisé, ce gâteau peut être réalisé avec de l'ananas frais ou en boîte. »

QUANTITÉ ET DURÉES

Pour 6 personnes • Préparation : 20 min • Cuisson : 50 min.

INGRÉDIENTS

60 g de poudre d'amandes ; 50 g de farine de riz demi-complet ; 50 g de farine de millet ; 50 g de fécule de maïs ; ½ c. à c. de gomme xanthane ; ½ c. à c. de sel fin ; ¼ de c. à c. de bicarbonate de sodium ; ¼ de c. à c. de poudre à lever ; 165 g d'ananas en petits morceaux + 4 tranches rondes ; 150 g de beurre doux (+ 1 noix pour le moule) ; 75 g de sucre brun en

poudre ; 190 g de sucre de canne blond en poudre ; 2 œufs ; 1 c. à c. d'extrait de vanille liquide ; 70 ml de crème fleurette allégée.

RECETTE

① Préchauffez le four à 180 °C (thermostat 6). Beurrez un moule, recouvrez-le de papier sulfurisé que vous beurrerez également.
② Dans le bol du robot, mélangez 30 g de beurre et le sucre brun durant 3 minutes jusqu'à obtenir une texture crémeuse. Étalez le mélange au fond du moule à l'aide d'une spatule en silicone. Déposez par-dessus les quatre rondelles d'ananas.
③ Dans un bol, mélangez les ingrédients secs à l'aide d'un petit fouet à vinaigrette : poudre d'amandes, farines, fécule, gomme xanthane, sel, bicarbonate et poudre à lever.
④ Mélangez au robot 120 g de beurre et le sucre de canne, pendant environ 3 minutes, jusqu'à obtenir une texture crémeuse. Ajoutez les œufs, l'un après l'autre, en vous assurant qu'ils sont bien incorporés. N'hésitez pas à racler les bords du bol avec une spatule. Versez également l'extrait de vanille.
⑤ En mélangeant à vitesse lente, ajoutez en alternance les ingrédients secs et la crème fleurette, en commençant et terminant par les ingrédients secs. Ajoutez les petits morceaux d'ananas et mélangez rapidement.
⑥ Versez dans le moule et lissez avec une spatule en silicone. Enfournez et laissez cuire 50 minutes. Démoulez à l'envers sur une assiette et ôtez délicatement le papier sulfurisé.

LES ASTUCES EN +

➜ En fonction de la forme de votre moule, disposez vos rondelles d'ananas différemment, pour un joli résultat. Dans un moule carré, vous pouvez par exemple disposer vos rondelles d'ananas à chaque angle.

➜ Il est tout à fait possible de réaliser cette recette avec d'autres fruits : pommes, poires...

AVEC UN MIX...

Conservez la poudre d'amandes (60 g) et utilisez 150 g de mix pâtisserie sans gluten. Vérifiez s'il contient déjà de la gomme (xanthane ou de guar) et/ou de la poudre à lever.

GOUGÈRES AU FROMAGE

« Ces gougères sont idéales pour l'apéritif. Vous pouvez les agrémenter avec d'autres ingrédients : lardons, parmesan, piment d'Espelette, persil... »

QUANTITÉ ET DURÉES

Pour env. 20 gougères • Préparation : 20 min • Cuisson : 45 min.

INGRÉDIENTS

130 g de farine de riz demi-complet ; 65 g de fécule de maïs ; ½ c. à c. de gomme xanthane ; ¾ de c. à c. de sel fin ; 250 ml de lait demi-écrémé ; 90 g de beurre doux ; 4 œufs ; 200 g de comté finement râpé ; poivre.

MATÉRIEL SPÉCIFIQUE

Une poche à douille.

RECETTE

① Préchauffez le four à 210 °C (thermostat 7).

② Dans un grand bol, mélangez les ingrédients secs à l'aide d'un petit fouet à vinaigrette : farine, fécule, gomme xanthane et sel.

③ Dans une casserole, versez le lait, 250 ml d'eau et le beurre en morceaux. Faites fondre à feu moyen. Une fois que le mélange bout, retirez du feu et ajoutez-y les ingrédients secs. Remuez avec un fouet jusqu'à ce que tous les ingrédients soient bien incorporés.

④ Remettez la casserole sur le feu, à feu doux, pendant environ 2-3 minutes, en continuant à remuer : la pâte va se décoller des bords. Laissez tiédir 5 minutes.

⑤ Ajoutez les œufs un à un en mélangeant bien avec une cuillère en bois entre chaque incorporation. Placez la pâte dans une poche à douille et déposez des petits ronds de pâte sur deux plaques recouvertes de papier sulfurisé, en les espaçant de 5 cm environ. Poivrez et recouvrez généreusement de comté râpé.
⑥ Enfournez et laissez cuire 15 minutes, puis baissez la température à 180 °C (thermostat 6) pendant 20 à 25 minutes.
⑦ Éteignez le four et laissez les gougères 10 minutes à l'intérieur, porte ouverte (cela leur évitera de retomber comme un soufflé !). Servez vos gougères tièdes ou froides.

L'ASTUCE EN +

➔ Pour obtenir des gougères de même taille, dessinez sur l'envers du papier sulfurisé des petits cercles de même diamètre. Il vous suffira alors de déposer la pâte en suivant le modèle.

AVEC UN MIX...

Vous pouvez préparer cette recette avec 195 g de mix pâtisserie sans gluten. Pensez à vérifier s'il contient déjà de la gomme (xanthane ou de guar). Attention, il ne doit pas, en revanche, contenir de poudre à lever.

GRATIN DE CHOU-FLEUR

« Le plat familial par excellence ! Vous pouvez l'agrémenter d'autres légumes : brocolis, pommes de terre… »

QUANTITÉ ET DURÉES

Pour 6 personnes • Préparation : 20 min • Cuisson : 50 min.

INGRÉDIENTS

1 chou-fleur ; 1 c. à s. de vinaigre blanc ; 15 g de gruyère râpé ; 15 g de beurre doux (+ 1 noix pour le plat) ; sel.

POUR LA BÉCHAMEL

50 g de beurre doux ; 3 c. à s. de fécule de maïs ; 500 ml de lait demi-écrémé ; 40 g de gruyère râpé ; 50 g de parmesan râpé ; ¼ de c. à c. de noix de muscade en poudre ; sel, poivre.

RECETTE

① Préparez la béchamel : faites chauffer le lait à feu doux dans une petite casserole. Dans une autre casserole, faites fondre le beurre à feu doux. Versez la fécule en mélangeant continuellement pendant 2 minutes avec une cuillère en bois. Versez-y le lait chaud et attendez l'ébullition en continuant de remuer doucement. Une fois que le mélange bout, laissez épaissir la sauce pendant 1 minute, toujours en remuant.

② Ôtez la sauce du feu, salez et poivrez selon votre goût. Ajoutez la noix de muscade, le gruyère et le parmesan, et mélangez. Réservez.

③ Préchauffez le four à 180 °C (thermostat 6).

④ Détaillez le chou-fleur en bouquets et lavez-les avec de l'eau légèrement vinaigrée. Faites-les cuire 6 minutes à l'eau bouillante salée, puis laissez-les égoutter dans une passoire.

⑤ Beurrez un plat à gratin et nappez-en le fond d'une fine couche de sauce. Déposez les bouquets de chou-fleur, recouvrez le tout avec le reste de sauce et parsemez de gruyère. Déposez le beurre en lamelles sur le dessus du gratin.

⑥ Enfournez et laissez cuire 30 minutes. Si le gratin n'est pas assez doré, passez-le 5 minutes sous le gril en le surveillant.

LES ASTUCES EN +

➲ Ne vous inquiétez pas si la béchamel vous semble épaisse : lors de la cuisson du gratin, l'eau rendue par le chou-fleur va rectifier sa texture.
➲ Pour apporter du croustillant à votre gratin, vous pouvez le parsemer de chapelure sans gluten en faisant sécher des restes de pain du quotidien puis en les mixant (voir recette p. 91).

MERVEILLES DE MARDI GRAS

« Croustillants à l'extérieur, tendres et parfumés à l'intérieur, ces petits biscuits traditionnels de Mardi gras sont un pur délice ! »

QUANTITÉ ET DURÉES

Pour env. 30 merveilles • Préparation : 20 min • Attente : 1 heure • Cuisson : 20 min.

INGRÉDIENTS

90 g de farine de riz demi-complet (+ 2 c. à s. pour étaler la pâte) ; 50 g de farine de millet ; 110 g de fécule de maïs (ou fécule de pomme de terre) ; ¾ de c. à c. de gomme xanthane ; ½ c. à c. de poudre à lever ; 1 pincée de sel fin ; 60 g de sucre de canne blond en poudre ; 2 œufs ; 60 g de beurre doux fondu ; 1 c. à s. de rhum ; ½ c. à c. d'extrait de vanille liquide ; 1 litre d'huile de pépins de raisin ; 4 c. à s. de sucre glace.

MATÉRIEL SPÉCIFIQUE

Un emporte-pièce (en triangle ou losange) ou une roulette à ravioli ; un fait-tout ; une écumoire.

RECETTE

① Dans un grand saladier, mélangez les ingrédients secs à l'aide d'un petit fouet à vinaigrette : farines, fécule, gomme xanthane, poudre à lever, sel et sucre. Ajoutez ensuite les œufs battus, le beurre fondu, la vanille et le rhum. Mélangez jusqu'à ce que la pâte soit bien homogène.

② Étalez la pâte au rouleau à pâtisserie entre une feuille de papier sulfurisé farinée (en dessous) et une feuille de film alimentaire (au-dessus). Laissez reposer la pâte étalée 1 heure au réfrigérateur.

③ À l'aide d'un emporte-pièce ou d'une roulette à ravioli, découpez les merveilles en triangles ou en losanges. Faites une incision au centre (pour faciliter la cuisson).

④ Faites chauffer l'huile dans un grand fait-tout – elle doit atteindre 170-180 °C. Plongez quelques merveilles dans l'huile chaude, puis retournez-les à l'aide d'une écumoire et laissez-les frire jusqu'à ce qu'elles soient bien dorées. Surveillez bien la cuisson, car cela ne prend que quelques minutes. Retirez les merveilles de l'huile et déposez-les dans un plat recouvert de papier absorbant. Procédez de même pour toutes les merveilles. Saupoudrez de sucre glace avant de servir.

L'ASTUCE EN +

- Vous pouvez réduire la quantité de rhum à 1 cuillère à café. Ou bien parfumer votre pâte avec de l'eau de fleur d'oranger.
- Veillez à ce que les bords de vos merveilles soient bien nets. Sinon, des petites miettes de pâte risquent de se détacher, de brûler et de noircir l'huile de friture (et les fournées suivantes).

AVEC UN MIX...

Si vous cuisinez avec un mix de farines sans gluten, conservez la farine de millet pour donner du goût et de la couleur aux merveilles. Comptez alors 50 g de farine de millet + 200 g de mix pâtisserie sans gluten. Pensez à vérifier si celui-ci contient déjà de la gomme (xanthane ou de guar) et/ou de la poudre à lever.

MUFFINS DE COQUILLETTES AUX DEUX FROMAGES

« Ces *mac & cheese* sont un peu l'équivalent américain de nos coquillettes-jambon. Une recette rapide pour le soir, qui plaira à coup sûr à vos enfants ! »

QUANTITÉ ET DURÉES

Pour 4 personnes • Préparation : 10 min • Cuisson : 45 min.

INGRÉDIENTS

300 g de coquillettes de riz sans gluten ; 15 g de beurre doux ; 1 œuf ; 250 ml de lait demi-écrémé ; 110 g de cheddar ; 250 g de mozzarella ; 40 g de chapelure sans gluten ; 2 c. à s. d'huile d'olive ; ½ c. à c. de sel.

MATÉRIEL SPÉCIFIQUE

Une plaque de 12 moules à muffins.

RECETTE

① Préchauffez le four à 180 °C (thermostat 6). Huilez les moules à muffins avec 1 cuillère à soupe d'huile d'olive.
② Dans un bol, mélangez la chapelure, 1 cuillère à soupe d'huile d'olive et le sel.
③ Dans une grande casserole, faites cuire les coquillettes de riz dans l'eau bouillante pendant 7 minutes (ou selon les instructions du paquet). Attention, elles doivent être encore un peu fermes. Égouttez les pâtes et rincez-les à l'eau bouillante pour enlever l'amidon de cuisson.
④ Pendant ce temps, râpez le cheddar et coupez la mozzarella en tout petits dés.
⑤ Reversez les coquillettes dans la casserole. Ajoutez le beurre et l'œuf battu. Mélangez bien. Ajoutez 60 g de cheddar, la mozzarella et le lait, puis remuez.
⑥ Versez la préparation dans les moules. Saupoudrez avec le reste de cheddar et la chapelure.

⑦ Enfournez pour 30 à 35 minutes, puis laissez les muffins refroidir quelques minutes avant de les démouler, afin que le fromage se fige. Servez sans attendre.

LES ASTUCES EN +

- Pour la chapelure, vous pouvez utiliser 2 tranches de pain du quotidien (voir recette p. 91) : pour cela, faites-les griller, puis mixez-les.
- Vous pouvez aussi réaliser cette recette dans un grand moule à gratin. Mais la présentation sera moins ludique que ces petits muffins…

PAIN D'ÉPICES

« Ma version revue et corrigée de cette recette traditionnelle de Dijon. La légende veut qu'il faille 25 tours de cuillère en bois pour mélanger le pain d'épices ! »

QUANTITÉ ET DURÉES

Pour 8 personnes • Préparation : 30 min • Cuisson : 1 heure.

INGRÉDIENTS

50 g de farine de châtaigne ; 100 g de farine de riz demi-complet ; 70 g de fécule de maïs (ou fécule de pomme de terre) ; 30 g de poudre d'amandes ; ¾ de c. à c. de gomme xanthane ; 40 g de sucre de canne blond en poudre ; 1 pincée de sel fin ; 1 c. à c. de poudre à lever ; 2 c. à c. de mélange d'épices pour pain d'épices ; 1 c. à s. de zeste d'orange ; 250 ml de lait demi-écrémé ; 250 g de miel liquide foncé ; 1 c. à c. de bicarbonate de sodium ; 1 c. à c. de rhum.

MATÉRIEL SPÉCIFIQUE

Un moule à cake.

RECETTE

① Préchauffez le four à 150 °C (thermostat 5).
② Dans un grand saladier, mélangez les ingrédients secs à l'aide d'un petit fouet à vinaigrette : farines, fécule, poudre d'amandes, gomme xanthane, sucre, sel, poudre à lever et mélange d'épices. Ajoutez le zeste d'orange et remuez.
③ Dans une casserole, faites chauffer le lait jusqu'à ébullition. Versez le miel liquide et mélangez jusqu'à ce qu'il soit bien dissous. Retirez du feu et ajoutez le bicarbonate (cela va mousser).
④ Creusez un puits au centre du mélange des ingrédients secs. Versez le mélange liquide au centre et remuez petit à petit à l'aide d'une cuillère en bois. Ajoutez le rhum. La pâte va devenir homogène et plutôt liquide.
⑤ Versez la pâte dans un moule à cake beurré et recouvert de papier sulfurisé lui aussi légèrement beurré. Enfournez pour 1 heure. Laissez ensuite le cake refroidir dans le moule, puis démoulez-le (ne le laissez pas trop longtemps dans son moule, sinon il va être détrempé).

LES ASTUCES EN +

- Vous pouvez remplacer le mélange d'épices spécial pain d'épices par les épices de votre choix : cannelle, muscade, gingembre, quatre-épices…
- Vous pouvez agrémenter votre pain d'épices de petits morceaux de gingembre confit, de raisins secs, d'amandes concassées… Vous pouvez aussi remplacer le rhum par de l'eau de fleur d'oranger.
- Pour un pain d'épices sans lactose, il suffit de choisir un lait végétal et d'utiliser de la margarine pour le moule et le papier sulfurisé.

QUICHE AUX OIGNONS CARAMÉLISÉS, PANCETTA ET CÂPRES

« Cette quiche originale et très parfumée sera parfaite pour le dîner, accompagnée d'une salade verte. »

QUANTITÉ ET DURÉES

Pour 6 personnes • Préparation : 20 min • Attente : 30 min • Cuisson : 1 h 45.

INGRÉDIENTS

1 pâte sablée salée au quinoa (voir p. 118) ; 1 noix de beurre doux (pour le moule) ; 3 oignons rouges ; 1 c. à c. de vinaigre balsamique ; 5 œufs + 2 blancs d'œufs ; 90 ml de lait demi-écrémé ; 2 c. à c. d'huile d'olive ; 110 g de pancetta ; 3 c. à c. de câpres ; 90 g de gruyère râpé ; 1 pincée de noix de muscade en poudre ; sel, poivre.

RECETTE

① Préparez la pâte sablée salée (voir recette p. 118), garnissez-en un moule à tarte à fond amovible beurré et réservez-la 30 minutes au réfrigérateur.
② Préchauffez le four à 180 °C (thermostat 6).
③ Piquez le fond de la tarte avec une fourchette. Recouvrez-la de papier sulfurisé, versez des billes de cuisson et faites précuire au four 15 à 18 minutes.
④ Pelez et émincez finement les oignons. Découpez la pancetta en petits dés.
⑤ Dans une sauteuse, faites chauffer l'huile d'olive. Ajoutez les oignons, salez et poivrez. Laissez fondre à feu moyen en remuant régulièrement pendant 10 minutes, jusqu'à ce que les oignons deviennent transparents. Réduisez le feu et poursuivez la cuisson durant 30 minutes à feu doux, en mélangeant très régulièrement.
⑥ Ajoutez le vinaigre balsamique et laissez cuire encore 10 minutes, jusqu'à ce que les oignons soient complètement caramélisés. Réservez les oignons dans un plat.

⑦ Mettez les dés de pancetta dans la sauteuse et laissez-les cuire 5 minutes à feu moyen. Ajoutez les oignons caramélisés et mélangez.
⑧ Dans un grand bol, battez les œufs, les blancs d'œufs, le lait et la noix de muscade. Salez légèrement et poivrez.
⑨ Saupoudrez le fond de la pâte précuite avec le gruyère. Versez le mélange oignons-pancetta, les câpres, puis la préparation aux œufs. Enfournez pour 25 à 30 minutes. Servez chaud.

LES ASTUCES EN +

➲ Cette quiche est un peu longue à préparer et à cuire. N'hésitez pas à réaliser quelques préparations dès la veille (pâte, caramélisation des oignons...).
➲ Vous ne savez pas quoi faire des jaunes d'œufs restants ? Découvrez nos astuces p. 85 !

SOUPE D'HIVER AUX SOBAS

« Cette recette savoureuse et riche en légumes est parfaite pour se réchauffer en hiver. Vous pouvez la proposer en entrée ou en plat principal. »

QUANTITÉ ET DURÉES

Pour 4 personnes (entrée) ou 2 personnes (plat principal)
• Préparation : 15 min • Cuisson : 30 min.

INGRÉDIENTS

250 g de nouilles sobas 100 % sarrasin ; 1,2 litre de bouillon de légumes ; 1 blanc de poulet ; 4 carottes ; 100 g de champignons de Paris ; 150 g de

petits pois surgelés ; 5 feuilles de chou chinois ; 1 oignon jaune ; 2 tiges d'échalotes ; 1 gousse d'ail ; 2 c. à s. d'huile d'olive ; 3 c. à s. de tamari.

RECETTE

① Dans une casserole, faites chauffer le bouillon de légumes.
② Pelez et émincez l'oignon et l'ail. Pelez les carottes et coupez-les en rondelles. Nettoyez et émincez les champignons. Lavez les tiges d'échalotes et détaillez-les en fines tranches. Rincez les feuilles de chou chinois et émincez-les. Coupez le poulet en lamelles.
③ Dans une marmite, faites chauffer l'huile et ajoutez l'oignon. Laissez-le fondre à feu moyen pendant 5 minutes. Lorsqu'il est translucide, ajoutez l'ail et laissez cuire durant 1 minute.
④ Ajoutez ensuite le bouillon de légumes, le tamari, les carottes, les petits pois, les champignons, les échalotes, les feuilles de chou chinois et les lamelles de poulet. Faites cuire le tout pendant 15 minutes à feu doux.
⑤ Cuisez les nouilles sobas à part, selon les indications du paquet (environ 6 minutes), dans une casserole d'eau bouillante. Égouttez et rincez.
⑥ Versez le bouillon et la garniture dans des assiettes creuses ou des bols, puis répartissez les sobas au centre. Servez sans attendre.

LES ASTUCES EN +

➲ Pour saler si besoin, ajoutez un peu de sauce tamari.
➲ Cette recette peut aussi se préparer sans poulet, ou bien avec des crevettes.

SPÉCULOOS

« Ces biscuits très croustillants, qui sentent bon les épices de Noël, se gardent longtemps dans leur boîte hermétique. »

QUANTITÉ ET DURÉES

Pour env. 40 biscuits (en fonction de la taille de l'emporte-pièce) • Préparation : 20 min • Attente : 1 heure + 1 heure • Cuisson : 50 min par plaque.

INGRÉDIENTS

60 g de poudre d'amandes ; 100 g de farine de millet ; 60 g de farine de riz demi-complet (+ 2 c. à s. pour étaler la pâte) ; 60 g de fécule de maïs (ou fécule de pomme de terre) ; 1 c. à c. de gomme xanthane ; ¼ de c. à c. de sel fin ; ¾ de c. à c. de bicarbonate de sodium ; 1 c. à c. de cannelle en poudre ; ½ c. à c. de gingembre en poudre ; 1/8 de c. à c. de noix de muscade en poudre ; ½ c. à c. de cardamome en poudre ; 1/8 de c. à c. de macis en poudre ; 100 g de sucre de canne blond en poudre ; 100 g de sucre brun en poudre ; 95 g de beurre doux.

MATÉRIEL SPÉCIFIQUE

Un emporte-pièce.

RECETTE

① Dans un large bol, mélangez les ingrédients secs à l'aide d'un petit fouet à vinaigrette : poudre d'amandes, farines, fécule, gomme xanthane, sel, bicarbonate, épices et sucre de canne.

② Dans le bol d'un robot, mélangez le beurre et le sucre brun jusqu'à obtenir une consistance crémeuse.

③ Ajoutez au mélange beurre-sucre la moitié des ingrédients secs et 50 ml d'eau tiède. Remuez, puis versez le reste des ingrédients secs. Mélangez bien et n'hésitez pas à racler les bords du bol avec une spatule en silicone.

④ Divisez la pâte en deux parties. Enveloppez chacune dans du film alimentaire et réservez au réfrigérateur pour au moins 1 heure.

⑤ Étalez l'une des pâtes entre une feuille de papier sulfurisé légèrement farinée (en dessous) et une feuille de film alimentaire (au-dessus). Découpez les biscuits à l'emporte-pièce et déposez-les sur 2 plaques de cuisson recouvertes de papier sulfurisé. Faites de même avec l'autre pâte.

⑥ Réservez les plaques de biscuits pendant 1 heure au réfrigérateur.

⑦ 15 minutes avant la fin du temps de pose, préchauffez le four à 165 °C (thermostat 5-6). Enfournez une plaque de cuisson à la fois, au milieu du four, et diminuez la chaleur du four à 120 °C (thermostat 4). Laissez cuire 40 à 50 min selon la taille et l'épaisseur de vos biscuits. Faites-les ensuite refroidir sur une grille, puis dégustez-les froids.

LES ASTUCES EN +

➲ Vous pouvez utiliser un mélange spécial pain d'épices tout prêt. Dans ce cas, comptez 2 à 2,5 cuillères à café pour cette recette.

➲ Faites bien cuire une seule plaque de biscuits à la fois, même si vous avez un four à chaleur tournante, sinon la cuisson ne sera pas homogène.

PARTIE 4

Mes menus sans gluten pour toute l'année

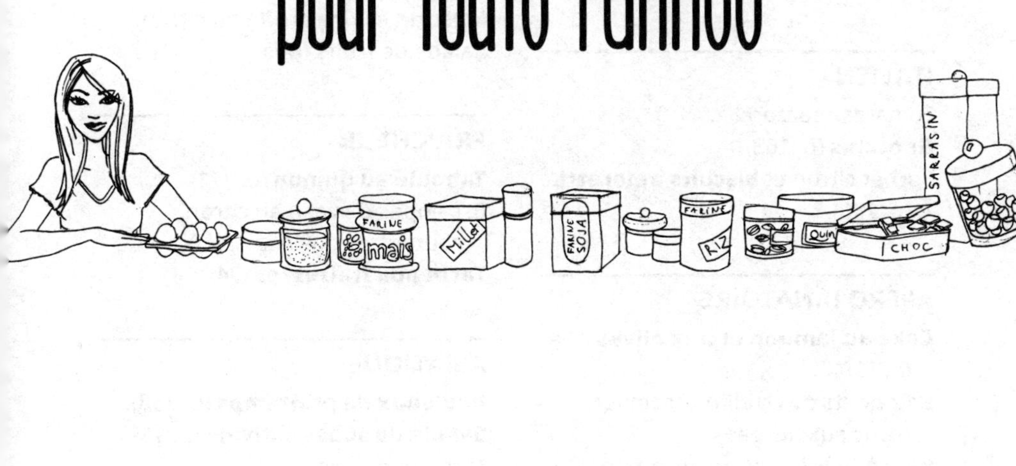

Retrouvez dans cette dernière partie nos suggestions de menus sans gluten pour toutes les occasions et tous les goûts : Pâques, Noël, quand il fait chaud ou froid, si vous souhaitez manger épicé, sur le pouce, pique-niquer ou bruncher le dimanche... De quoi cuisiner malin et sans gluten tout au long de l'année !

LES MENUS DE PRINTEMPS

VÉGÉTARIEN

Tarte aux courgettes et au fromage de chèvre (p. 172).
Salade de roquette aux tomates séchées.
Fromage blanc et confiture de fraises.

ITALIEN

Tomates-mozzarella.
Gnocchis (p. 163).
Sorbet citron et **biscuits amaretti** (p. 180).

APÉRO DÎNATOIRE

Cake au jambon et aux olives (p. 158).
Bâtonnets de crudités, fromage blanc aux herbes.
Pain à la bière et au cumin (p. 86).
Plateau de fromages.
Macarons (p. 164).

RETOUR DU MARCHÉ

Tarte rustique aux brocolis (p. 176).
Mesclun et vinaigrette au citron.
Salade de fruits frais.

FRAÎCHEUR

Taboulé au quinoa (p. 171).
Escalopes de veau au citron, courgettes poêlées.
Tarte aux fraises (p. 174).

ASIATIQUE

Rouleaux de printemps (p. 168).
Salade de sobas estivale (p. 169).
Mangue fraîche.

FÊTE DES MÈRES

Salade de concombre à la crème.
Saumon en papillote, haricots verts persillés.
Mini-éclairs au chocolat (p. 134).

PÂQUES

Asperges vertes au parmesan.
Carré d'agneau aux herbes, flageolets.
Cupcakes au chocolat (p. 160).

FÊTE DES PÈRES

Toasts de polenta (p. 197).
Tomates farcies à la viande hachée, riz.
Baba au rhum (p. 142).

LES MENUS D'ÉTÉ

PIQUE-NIQUE CHIC

Guacamole et chips de maïs.
Petits pains au fromage (p. 94), garnis de jambon blanc et crudités.
Clafoutis aux cerises (p. 181).

FRAÎCHEUR

Tarte au fromage de chèvre, tomate et basilic (p. 194).
Assiette anglaise (viandes froides) et roquette.
Cupcakes au citron vert (p. 182).

VÉGÉTARIEN

Melon.
Salade de graines de sarrasin aux légumes (p. 191).
Gâteau à l'abricot (p. 186).

ITALIEN

Légumes grillés à l'huile d'olive.
Jambon de Parme et **galettes de courgettes** (p. 184).
Panna cotta et **amaretti** (p. 180).

SPÉCIAL KIDS

Salade de maïs et crevettes.
Pizza végétarienne (p. 190).
Sorbet à la fraise et **langues-de-chat** (p. 187).

SOIRÉE PIZZA

Pizza végétarienne (p. 190).
Salade verte.
Glace vanille et **cookies aux pépites de chocolat et noix de pécan** (p. 129).

MÉDITERRANÉEN

Gaspacho.
Soccas garnies (p. 192).
Abricots rôtis au romarin.

DÉJEUNER DU DIMANCHE

Radis à la croque-au-sel.
Poulet rôti aux herbes, pommes de terre au four.
Pain aux olives et tomates séchées (p. 189), chèvre frais.
Tarte pêche-abricot (p. 195).

LES MENUS D'AUTOMNE

EN FAMILLE

Salade d'endives, pommes et comté.
Nuggets de poulet au riz soufflé (p. 210).
Tagliatelles de courgettes ou fleurettes de brocolis vapeur.
Gâteau poire-chocolat (p. 208).

HALLOWEEN

Soupe de carottes au cumin.
Filet de cabillaud, patates douces.
Tarte au potiron et sirop d'érable (p. 213).

POUR SE RÉCHAUFFER

Soupe de légumes.
Quiche lorraine (p. 212).
Pomme au four, au miel et aux épices.

À L'HEURE ANGLAISE

Crackers au cheddar (p. 201).
Rosbif et purée de céleri.
Gâteau orange-carotte-pécan (p. 207).

DE SAISON

Velouté de champignons.
Tourte légère au poulet (p. 216), salade d'endives.
Poires pochées aux épices.

DIMANCHE SOIR

Salade de mâche aux noix.
Ficelles picardes (p. 204).
Compote pomme-poire.

ENTRE AMIS

Cake à la farine de lentilles vertes et aux légumes (p. 200).
Filet mignon de veau, poêlée de champignons et haricots verts.
Tarte aux pommes (p. 153).

TRADITION

Œuf mimosa.
Blanquette de veau, riz (dans la sauce, remplacez la farine par de la fécule de maïs).
Tarte Tatin (p. 214).

BRUNCH ANGLAIS

Œufs brouillés au saumon.
Pommes de terre sautées.
Pancakes express (p. 102), sirop d'érable.
Crumble pommes-sarrasin (p. 203).

LES MENUS D'HIVER

ASIATIQUE

Crevettes sautées au gingembre.
Soupe d'hiver aux sobas (p. 238).
Litchis et **cake au citron** (p. 144).

ENTRE AMIS

Gougères au fromage (p. 229).
Quiche aux oignons caramélisés, pancetta et câpres (p. 237).
Salade d'endives aux noix.
Cake aux deux chocolats (p. 145).

CHANDELEUR

Crêpes salées au sarrasin (p. 111).
Crêpes à la farine de châtaigne (p. 110).

SAINT-VALENTIN

Carpaccio de saint-jacques à la coriandre.
Magret de canard à l'orange, riz blanc.
Brownie chocolat-noix de pécan (p. 125).

AU COIN DU FEU

Pot-au-feu.
Plateau de fromages et **pain rustique aux graines de cumin** (p. 93).
Salade d'oranges à la cannelle et **spéculoos** (p. 240).

POUR LES ENFANTS

Salade de carottes râpées.
Muffins de coquillettes aux deux fromages (p. 234).
Cookies des neiges (p. 224).

DIMANCHE MIDI

Velouté de légumes d'hiver.
Rôti de bœuf.
Gratin de chou-fleur (p. 281).
Blondie (p. 124).

RÉVEILLON DE NOËL

Saumon fumé et **blinis** (p. 220).
Dinde rôtie, haricots verts et pommes de terre sautées.
Plateau de fromages et **pain à la farine de châtaigne** (p. 88).
Bûche de Noël (p. 221).

FÊTE DES ROIS

Salade d'avocat aux crevettes.
Dorade au four, épinards à la crème.
Galette des Rois (p. 226).

TRADITION

Poireaux vinaigrette.
Bœuf aux carottes.
Gâteau au yaourt et au citron (p. 149).

BRUNCH

Porridge au quinoa et au lait d'amande (p. 105) et fruits d'hiver (poire, pomme, orange).
Œufs au plat et pommes de terre sautées.
Salade d'endives.
Gâteau renversé à l'ananas (p. 227).

REMERCIEMENTS

La communauté que j'ai rencontrée autour de Clemsansgluten a complètement changé ma vie et la vision de mon corps malade. Je ne suis plus seule, les longues années avant de trouver le bon diagnostic d'un régime sans gluten, ce que j'ai vécu en silence le plus discrètement possible, d'autres le vivent aussi. Je veux donc prendre le temps de vous remercier car, sans vous, ce livre n'aurait pas vu le jour.

Tout d'abord, je souhaite remercier toutes les personnes qui lisent le blog et suivent Clemsansgluten sur Facebook depuis presque deux ans et demi. Je suis extrêmement reconnaissante de votre soutien et de votre bienveillance. Chaque email, chaque commentaire sur le blog, chaque message sur Facebook, chaque réponse à mes tweets, chaque photo d'une recette cuisinée par vous m'inspire à continuer et à m'améliorer. C'est une réelle joie pour moi de savoir que mes recettes, celles que je cuisine pour ma famille et mes amis, régalent également vos familles et vos amis. De savoir que mes recettes vous aident dans votre quotidien, vous soutiennent dans votre propre parcours médical ou simplement dans votre choix de vie saine. À travers cette communauté, la gourmandise, la joie de vivre et l'envie de partager sont plus fortes que l'intolérance au gluten...

Je tiens également à remercier Alix qui m'a convaincue que nous pouvions proposer un livre accessible, familial et gourmand de cuisine sans gluten.

TABLE DES MATIÈRES

TÉLÉCHARGEZ :

des conseils pour faire votre pain sans gluten avec votre machine à pain !

Rendez-vous vite sur la page :

http://blog.editionsleduc.com/cuisine-sans-gluten.html

ou scannez ce code

Achevé d'imprimer en Espagne
par BlackPrint CPI Ibérica S.L.
Sant Andreu de la Barca (08740)
Dépôt légal : novembre 2015